UNDER ANOTHER LIGHT JEWELS AND ORNAMENTS

GIANFRANCO FERRÉ

SKIRA

a cura di / edited by
Rita Airaghi

direzione artistica / artistic direction
Luca Stoppini

foto / photos
Andrea Passuello - Stoppini.Org

consulenza immagini / photo consultant
Giovanni Vidotto

coordinamento redazione / editorial coordination
Eva Vanzella

redazione / editing
Arianna Ghilardotti

traduzioni / translations
Adam Victor, Felicity Lutz, *Scriptum*, Roma

Fondazione Gianfranco Ferré

Via Tortona 37
20144 Milano
+39.02.36580109
info@fondazioneferre.com
www.fondazionegianfrancoferré.com

First published in Italy in 2017
by **Skira editore S.p.A.**
Palazzo Casati Stampa
via Torino 61, 20123 Milano
Italy
www.skira.net

Printed and bound in Italy. First edition

ISBN: 978-88-572-3669-8 (International trade)
     978-88-572-3762-6 (Italian trade)

Finito di stampare nel mese di ottobre 2017
a cura di Skira editore, Milano
Printed in Italy

Sommario / Contents

The Whys

This book deals with a particular aspect of Gianfranco Ferré's creativity and design: the jewel as an object. The intention is to highlight the special attention he has always devoted to it, both in terms of forms and materials and in terms of inspiration, with results that have often been innovative and surprising.

The volume must also be intended as a tribute and recollection of the very beginnings of Ferré's creative trajectory, which actually started with bijoux and accessories – following an interest spurred by curiosity more than by a firm conviction, by the pleasure of manipulating materials more than by the resolution to become a fashion designer, which he would make several years later.

These objects testify to the consistency of a passion and an interest based on two main postulates, one methodological and the other aesthetic-stylistic. The first: just like a dress, a jewel is an unlimited landscape of confrontation with materials – in their countless peculiarities – and innovation, trials and progresses: an approach that is reminiscent of Galileo's experimental and scientific method. The second: just like a dress, a jewel is meant to cover and decorate the body and emphasize its key points. It is bound to the human figure as if it were a part of it.

Ferré's love for the jewel-ornament has never been confined in the background: the jewel and the dress merge into one another, as if one couldn't do without the other. It's an inseparable bond in terms of design and inspiration, experimentation and fascination.

Rita Airaghi
Gianfranco Ferré Foundation

I perché

Il volume si propone di offrire la visione di un aspetto specifico della creatività e della progettualità di Gianfranco Ferré – quello che riguarda l'oggetto-gioiello – con l'intento chiaro e fermo di sottolineare come a esso lo stilista abbia riservato sempre un'attenzione speciale, in termini di ricerca applicata sia alla forma sia alla materia e in termini di ispirazione, con risultati quasi sempre innovativi e sorprendenti.

Questo libro è anche un doveroso tributo all'inizio del percorso di Ferré, che esattamente negli ornamenti, nei bijoux e negli accessori ha la sua prima tappa. Una partenza motivata più dalla curiosità che da una convinzione già consolidata, più dal gusto di manipolare la materia che non dalla determinazione di divenire stilista, raggiunta solo diversi anni più tardi.

In ciò si manifesta la fedeltà di una passione e di un interesse che si esprime sulla base di due postulati, uno metodologico e uno estetico-stilistico. Il primo: come l'abito, il gioiello è terreno sconfinato di confronto con la materia – in tutte le sue innumerevoli identità – e di innovazione, di tentativi e di progressi nella sua elaborazione, che fanno pensare al metodo sperimentale affermato da Galilei. Il secondo: come l'abito, il gioiello veste e decora il corpo, ne sottolinea i punti chiave, esercita la funzione di raccordo tra il primo e il secondo, è legato alla fisicità della figura umana, quasi ne facesse parte.

Un amore, quello di Ferré per il gioiello-ornamento, mai confinato in secondo piano. L'ornamento entra subito in simbiosi con l'abbigliamento, l'uno pare non poter fare a meno dell'altro, in un intreccio impossibile da sciogliere in termini di progettazione e ispirazione, sperimentazione e fascinazione.

Rita Airaghi
Fondazione Gianfranco Ferré

Gianfranco Ferré Under Another Light: Jewels and Ornaments

Gianfranco Ferré Sotto un'altra luce: gioielli e ornamenti

[…] in a moment are we saved
by the minimal adventures
of attention or memory:
the taste of a fruit, the savour of water,
the face a dream restores to us,
that early November jasmine
[…] the tiny key that opens up a house,
the smell of a library or of sandalwood,
a street's old name,
the colours of a map […].
These simple divinities touch us,
they touch us and then they leave us.

Jorge Luis Borges

[…] in un momento ci salvano
le minime avventure
dell'attenzione o della memoria:
il sapore di un frutto, il sapore dell'acqua,
quel volto che un sogno ci riporta,
i primi gelsomini di novembre,
[…] la piccola chiave che ci apre una casa,
l'odore di una biblioteca o del sandalo,
il nome antico di una strada,
i colori di una mappa […].
Queste modeste divinità ci toccano,
ci toccano e ci lasciano.

Jorge Luis Borges

In all of his creations, Gianfranco Ferré's desire is seemingly to carve out a vision from the ceaseless flow of his imagination, isolating just one section of the infinite whole that serves as his framework of reference. His ceaseless research apparently acts like the black screen behind a photographic plate, placed at just the right distance to set off his object.

"Direct intervention on matter corresponded to the rigour of forms and a precise sense of design. Leather, metal, plastic: materials that I would mould, assemble and model by hand. The impetus to use unusual materials, other than those tradition had handed down for making accessories, was already strong in me; already vital."[1]

Ferré constructs a free zone within his own world of reference, drawing out every object from the template of a classifying system in which concepts are turned into objects. Shiny stones, enamelled metals, polished shells, painted wood, Murano glass, retro ceramics, Swarovski crystals, not to mention wood and leather and iron and copper and bronze, all in a succession of enchanted horizons made up of necklaces, bracelets, brooches, rings, belts and ornaments: here is the catalogue of a creator who is among the most accomplished of all at managing emotions and impressions.

From the classic to the contemporary, and from tradition to invention, every single one of Gianfranco Ferré's objects must be a representation of its own time. Not necessarily a fluid or linear time, either: his is the time of a collection, without any symbolic mediation or reformulation of actual reality. Every Ferré ornament exists as if it were an object of his affections. His role is to extract the essence from every element, to convert it into an icon, an expression of a quest, a way of "summing together" materials that do not exist separately from what he himself makes: each and every

Gianfranco Ferré sembra voler ritagliare, in tutte le sue creazioni, una visione estrapolata dal flusso continuo del suo immaginario, isolando una sezione nell'insieme infinito dei suoi riferimenti. La sua ricerca sembra agire come lo schermo nero posto dietro la lastra fotografica, in una distanza che fa sì che il suo oggetto si distacchi.

"Al rigore delle forme e al senso preciso del design corrispondeva l'intervento diretto sulla materia. Cuoio, metallo, plastica: materiali che io plasmavo, assemblavo, modellavo manualmente. Era già forte e determinante l'impulso a utilizzare materie insolite, diverse da quelle che la tradizione voleva fossero impiegate per la realizzazione degli accessori."[1]

Ferré costruisce una zona franca all'interno di un proprio mondo di riferimento, elaborando ogni oggetto sulla scia di un sistema di classificazione generale di concetti che diventano oggetti. E così utilizza pietre lucenti, metalli smaltati, conchiglie levigate, legni dipinti, vetri di Murano, ceramiche rétro, cristalli Swarovski, e ancora legno e cuoio e ferro e rame e bronzo, nel susseguirsi di un incantato orizzonte di collane, bracciali, spille, anelli, cinture, monili: è il catalogo di uno degli autori più abili nel maneggiare emozioni e impressioni.

Dal classico al contemporaneo, dalla tradizione all'invenzione, ogni oggetto di Gianfranco Ferré deve rappresentare il proprio tempo. Non necessariamente un tempo fluido o lineare: il suo tempo è il tempo di una raccolta, senza mediazione simbolica o riformulazione del reale stesso. Ogni ornamento di Ferré è come se fosse un oggetto d'affezione, e il suo ruolo è quello di estrarre da ogni elemento l'essenza per trasformarla in icona, espressione di una ricerca e di un modo di assommare materie che non esistono separatamente da ciò che egli stesso realizza: ogni monile di

Ferré item of jewellery is an expression of quality and strength *per se*, without reference to any other thing. Ferré's path of research expresses something that is singular, part of a narrative that presents each item as an expression of an age or an environment. For Ferré, an ornament is not the lesser son of a precious jewel, it is a concept of eternity that must represent the immanence of the present. Fragility makes beauty possible. The world of beauty according to Ferré is not a perfect, defined or predictable world: rather, it appears and emerges from imperfection, from the movement of hands, from following a trail. Ferré takes on the responsibility for seeking out beauty; he takes it on as a project in a refined and melancholy world, a world made up from silence, impatience, focus, doubt and escape.

Ferré's approach to ornaments is that of a "storyteller", a weaver of spells and an inventor of relationships. Ferré's way of weaving, melding, assembling and separating elements takes on a form that is both wandering and elliptical. His chosen materials pass through his imagination to emerge deformed by his idea of beauty, and his objects express this becoming, this very passage… It is a kind of magic: the magic of the essence of time, generating non-linear relationships through narration, through the breaking down of a causality that sets enigmas free.

"In each jewel lies a world. Or rather, the world. Ever an object of incommensurate symbolic value, for me a jewel makes an infinite number of things tangible: references, referrals, glances at the most varied kinds of reality, actual as well as dreamlike, from which I draw inspiration… A horizon that embraces the opulence of our past, Renaissance courts and Victorian dandyhood… The splendour of other civilizations, from the China of the great dynasties to Imperial Japan, and the India of maharajas and brahmins. There's also the barbarous luxury of African kingdoms, the people who live on Polynesian atolls, the luxury laden with sacrality we find in Latin America. The role that nature plays in breathing life into my fantasies, right through to the creation of a jewel, knows no boundaries: the lush fauna of Amazonia, flowers from the Mexican Sierra, the fur of the beasts of the savannah and equatorial forests, rare woods from sub-Saharan forests, the mother-of-pearl inside shells, coral…"

For Gianfranco Ferré, creating is synonymous with transforming, with acting on the mystery of transformation, just like an alchemist, between conjunctions of the sun and moon, dragons, wizards and wayfarers, reappropriating a world of imagination that continues to arouse passions in us. In the seventeenth century, alchemy and science were still intertwined, as we may see from a letter Isaac Newton wrote in 1692. The century of Enlightenment changed all that, yet alchemy continued to fascinate Goethe and the romantics and, a century later, Carl G. Jung and Rudolf Steiner. In the

Ferré esprime qualità e potenza considerate in sé, senza riferimento a nient'altro. La sua ricerca esprime qualcosa di singolare, all'interno di una storia che lo presenta come l'espressione di un'epoca o di un ambiente. Per Ferré l'ornamento non è il figlio minore di un gioiello prezioso, ma un concetto di eternità che deve rappresentare l'immanenza del presente. È la fragilità che rende possibile la bellezza. Il mondo della bellezza, della bellezza come la vede Ferré, non è un mondo perfetto, definito, prevedibile: appare piuttosto, ed emerge, dall'imperfezione, dal muovere le mani, dal seguire una scia. Ferré si assume la responsabilità di cercare la bellezza, di assumerla come progetto di un mondo raffinato e malinconico, fatto di silenzio, di impazienze, di attenzione, di dubbi, di fughe. L'atteggiamento di Ferré, rispetto agli ornamenti, è quello tipico del narratore di storie, del costruttore di incanti, dell'inventore di relazioni.

Il suo modo di intrecciare o fondere o assemblare o separare gli elementi assume una forma che è errante e ellittica; le materie che sceglie transitano nel suo immaginario e ne escono deformate dal pensiero della bellezza, e i suoi oggetti esprimono il divenire, il passaggio, una magia… La magia dell'essenza del tempo, che produce relazioni non lineari tra le materie, le quali si impongono nella narrazione, nelle rotture di una causalità che crea gli enigmi.

"Nel gioiello, un mondo. O meglio il mondo. Da sempre oggetto di incommensurabile valenza simbolica, per me il gioiello concretizza un'infinità di riferimenti, di rimandi, di sguardi alle realtà più disparate, tanto reali quanto oniriche, da cui traggo ispirazione. […] Un orizzonte che comprende l'opulenza del nostro passato, delle corti rinascimentali come del dandismo vittoriano. Oppure lo sfarzo di altre civiltà, la Cina delle grandi dinastie, il Giappone imperiale, l'India dei maharaja e dei bramini. Ma anche il lusso barbaro dei regni africani o delle popolazioni degli atolli polinesiani o, ancora, quello carico di sacralità dell'America Latina. Inesauribile poi è il ruolo della natura nel dar vita alle mie fantasie, che sfociano nella creazione di un gioiello: la lussureggiante fauna dell'Amazzonia, i fiori della Sierra messicana, il manto degli animali della savana o della foresta equatoriale, i legni pregiati delle selve sub-sahariane, la madreperla che riveste l'interno delle conchiglie, i coralli…"

Creare, per Gianfranco Ferré, è sinonimo di trasformare, di agire sul mistero della trasformazione, proprio come un alchimista; così, tra congiunzioni di sole e luna, draghi, maghi e viandanti, si riassume un immaginario che continua ad appassionarci. Se nel Seicento l'alchimia si confonde ancora con la scienza, come dimostra una lettera del 1692 di Isaac Newton, il secolo dei Lumi la metterà al bando, ma torneranno a subirne il fascino Goethe

Arts, the twentieth century could be defined as the century of alchemists: Leonor Fini, Leonora Carrington and Remedios Varo were all women who forged a truly feminine path to Surrealism. We must also not forget Yves Klein, who used blue and gold as colours that become matter.

In 1967, Germano Celant coined the term "artist alchemist" in reference to the Arte Povera movement of Jannis Kounellis, Gilberto Zorio and Pier Paolo Calzolari, who were interested in using materials that could also be interpreted in an alchemical light (coal, gold and mercury). In the early Sixties, many Arte Povera artists already defined their work through specific approaches and appearances. The cultural milieu in Turin was propitious not just for unearthing talent such as Paolini's and Pistoletto's, but a host of other artists too, who forged their identities in that city. One such artist was Mario Merz, who in 1967 began creating several series of major works, such as *Igloos* (1967), *Proliferazioni Fibonacci* (1969-1970), and *Tables* (1973). Jannis Kounellis moved from Italy to Greece in 1956 and made his artistic debut in 1960, having chosen to live and work in Rome. In 1967, he created an important series of works in which abandonment and "moving outside the frame" became explicit. The materials he used included live nature, culminating in his installation with horses (1969), which triggered emotive reactions and controversy. Other artists include Pino Pascali, Luciano Fabro, Alighiero Boetti, Gilberto Zorio, Giuseppe Penone, and Pier Paolo Calzolari... Through them, all of the materials in the world became artistic materials.

A great lover of art, in the same vein Gianfranco Ferré has always been attracted by ongoing and experimental research. Since his earliest days, he has understood that new materials and new construction technologies would profoundly alter the linearity and predictability of designing elements and objects that relate to the body. Building on this awareness, he embarked on lines of research that tended to capitalize upon lived experience, all the while seeking out new terrain for exploration. New materials constitute one such new terrain. Alternating between theoretical research and concrete experimentation, Ferré's path consolidated into an overarching approach, making a major contribution to the history of design.

"Materials that for me are fundamental precisely because they give luxury a new twist, making it more modern, more articulated and more fluid, more nuanced in its variations, and therefore richer and more stimulating, to the person who develops it and the person who makes use of it. A new interpretation of luxury that happily coexists with more consolidated expressions, examples being the bracelet in straw and raffia, featuring small wooden elements; the boat rigging interwoven with trimmings and combined with metal, thus creating

e i romantici e, cento anni dopo, Carl G. Jung e Rudolf Steiner. E, in campo artistico, il Novecento si può definire come un secolo di alchimisti: come per Leonor Fini, Leonora Carrington e Remedios Varo, che aprono una via tutta femminile al Surrealismo. Ma anche Yves Klein, che si avvale del blu e dell'oro come di colori che si fanno materia.

Nel 1967 è lo stesso Germano Celant a coniare il termine di "artista alchimista", indicando l'arte povera di Jannis Kounellis, Gilberto Zorio e Pier Paolo Calzolari, interessati all'utilizzo di materie che si possono interpretare anche in chiave alchemica, come il carbone, l'oro e il mercurio. Nei primi anni sessanta, molti degli artisti dell'arte povera hanno già definito il proprio lavoro con precise modalità e fisionomie. L'ambiente culturale torinese era stato propizio non solo alla rivelazione di talenti come Paolini e Pistoletto, ma anche di altri artisti, che in quella città maturano la propria identità. Fra questi, Mario Merz, che dal 1967 realizza un'importante serie di lavori come gli *Igloo* (1967), le *Proliferazioni Fibonacci* (1969-1970), i *Tavoli* (1973).

Nel 1960 esordisce anche Jannis Kounellis, che, a partire dal 1956, giunto dalla Grecia, ha scelto di vivere e lavorare a Roma e nel 1967 realizza diverse rilevanti opere in cui l'abbandono e l'"uscita dal quadro" si rendono espliciti, e, tra i materiali, alcune nature vive, fino all'episodio dei "cavalli" (1969), che suscita reazioni emotive e polemiche. E ancora Pino Pascali, e Luciano Fabro e Alighiero Boetti, e Gilberto Zorio e Giuseppe Penone e Pier Paolo Calzolari... E, con loro, tutte le materie del mondo diventano materie dell'arte.

Grande amante dell'arte, in modo analogo Gianfranco Ferré è attratto da una continua ricerca sperimentale, e sin dai suoi esordi intuisce che i nuovi materiali e le nuove tecnologie costruttive mutano profondamente la linearità e la prevedibilità del pensare elementi e oggetti in relazione con il corpo; partire da questa consapevolezza attiva linee di ricerca tendenti a capitalizzare l'esperienza fatta, indirizzandola però verso nuovi terreni. Uno è quello dei nuovi materiali. Nell'alternanza di ricerca teorica e sperimentazione concreta, il percorso di Ferré si consolida, generando un approccio unico e un importante contributo nella storia del design.

"Materie che per me sono invece fondamentali proprio per conferire al lusso una connotazione nuova, moderna, più articolata e fluida, più sfumata nelle sue declinazioni e dunque più ricca e stimolante, per chi la elabora non meno che per chi ne può fruire. Una lettura nuova del lusso che, del resto, può benissimo convivere con le sue espressioni consolidate. Come il bracciale in paglia e rafia con piccoli elementi in legno, o il sartiame da barca che, intrecciato a passamaneria e accostato al metallo, crea una nuova opulenza, o ancora l'ambra sintetica, che riproduce

a new opulence; or synthetic amber that perfectly reproduces the warm glints and reflections of the real thing.

Even as a staunch upholder of experimentation, I an equally enthusiastic and I equally love to express in my jewellery my love and devotion for the forms of luxury handed down by tradition. New interpretations draw life from timeless evocations: ornaments that are both refined and opulent; gleams of gold, silver, metals, the glitter of stones, rhinestones, jet, and coral. Echoes of China in gilded metal earrings and bracelets, and in a gilded leather belt, heavy gold-plated Indian bracelets encrusted with stones, rhinestones and pearls, absolute shininess in a necklace and cufflinks with rhinestones and crystals."

Ferré uses iron, copper wire, wood, shells and crystals, as well as glass and much more besides, in a sophisticated mixture of the senses and matter. His goal seems to be to make us forget whatever thing he uses to provoke grace or awe, what embodies the sense of preciousness with which his objects are imbued. The most time-honoured techniques, geometry and the organic, including animals and flowers, all find a home in the forms he conjures up. He is most attentive to the process defining his own special approach, a delicate interplay of forces and instability all the way through to the complex way in which the body participates. At a lecture, Ferré once defined jewellery as an element necessary to exalt the key points of the figure: *"I might say that in my imagination, jewellery helps me to 'construct' the body, to sculpt it with clarity."*

The body. Yes, the body… The body is a universe of mind-boggling vastness. In the end, there are as many bodies as there are human beings. Come to think of it, nothing can really exist that does not involve the body, given that creation is the fact of placing the body in a relationship with the world of material experience. The body is the system that connects us with the world; our senses are the channels of communication, which means that even the most dematerialized and conceptual work must take the body into consideration to some extent.

"No less importantly, the relationship that links the item of jewellery to the body reveals its intensity when the piece is called upon to highlight movement, to faithfully follow movement, emphasizing and softening it, interpreting its grace and harmony, becoming a call of seduction: gilded metal bracelets that tinkle in unison with each movement of an arm; a necklace that lengthens, following the silhouette; a very thin belt, also in gilded metal, sliding down the hips and giving rhythm to their seductive swaying."

The visceral and vulnerable body is a powerful signifier of lived experience, a tool of aesthetic and formal enquiry. Ferré conceives, plans, designs and invents around this concept of the body. For him, the body is more visible; it is acknowledged as the main field of action for

perfettamente la lucentezza e i riflessi caldi di quella autentica.

Pur essendo un convinto assertore della sperimentazione, con eguale entusiasmo amo esprimere nei miei gioielli tutto il mio amore e la mia devozione per le forme del lusso appartenenti alla tradizione. Interpretazioni nuove prendono avvio da suggestioni senza tempo: monili dalle linee raffinate e opulente allo stesso tempo, i bagliori dell'oro, dell'argento, dei metalli, i riflessi delle pietre, degli strass, degli jais, dei coralli. Echi cinesi per i bracciali e per gli orecchini in metallo dorato e la cintura in pelle dorata, ricchissimi bracciali indiani a galvanica oro, pietre, strass e perle, lucentezza assoluta per la collana e per i gemelli in strass e cristalli."

In un sofisticato intreccio tra sensi e materia, Ferré fa uso di ferro o filo di rame, di legno, di conchiglie e cristalli, ma anche di vetro e altro. Per lui l'obiettivo sembra quello di riuscire a far dimenticare con che cosa provoca grazia o stupore, in che cosa trova il senso del prezioso che traspone nei suoi oggetti. Nelle forme da lui elaborate dimorano sia le tecniche più antiche sia la geometria e anche l'organico, come animali e fiori. A lui si deve l'attenzione al processo che rende palpabile la sua metodologia, un gioco di forze e di instabilità fino alla complessa partecipazione del corpo. Durante una sua lezione Ferré aveva definito il gioiello come elemento necessario per esaltare i punti chiave della figura: *"Potrei dire persino che nella mia immaginazione il gioiello mi aiuta a 'costruire' il corpo, a scolpirlo con nitore".*

Appunto, il corpo… Il corpo è un universo di vastità impressionante: in fondo ci sono tanti corpi quanti sono gli umani… E, se ci pensiamo bene, è improbabile che esista qualcosa che non coinvolga il corpo, perché la creazione è il fatto di mettere in relazione il corpo con il mondo dell'esperienza materiale. Il corpo è il sistema di collegamento con il mondo e i sensi sono i canali di comunicazione, quindi anche l'opera più smaterializzata, più concettuale, deve prendere in qualche modo in considerazione il corpo.

"Nondimeno, il rapporto che lega il gioiello al corpo rivela la sua intensità anche quando il monile è chiamato a sottolinearne i movimenti e a seguirli con fedeltà, enfatizzandoli e addolcendoli, interpretandone la grazia e l'armonia, ed esercitando un richiamo di seduzione: i bracciali in metallo dorato e pietre che si accumulano sul braccio e tintinnano all'unisono con l'oscillare del braccio; la collana che si allunga seguendo la silhouette; la cintura, anch'essa in metallo dorato, sottilissima e scivolata sulle anche, ritmandone l'ondeggiare, diventa richiamo di seduzione."

Il corpo, viscerale e vulnerabile, è un potente significante dell'esperienza vissuta e uno strumento d'indagine estetica e formale. E intorno a questo concetto di corpo Ferré pensa e progetta e disegna e inventa… Un corpo di-

relations between the self and the world. The border between the human body and the world in the broadest sense is uncertain; it fluctuates, and is therefore often hard to identify. Identity requires memory. Every one of Gianfranco Ferré's projects is a reconstruction of stories, extensions, desires and secrets. He begins with himself, with a discovery of how his own identity may be "transferred" from what seems to be unequivocally personal to the dimension of creativity, to a garment, accessory or a jewel – to a complex, evocative and open-ended creation. Indeed, every single one of his projects contaminates the certainties he has about his own identity; every one of his creations seizes the opportunity to "disperse" into an ability to present new stories, to follow the path of vision. It is about the discovery of his own fragility; about the chance of establishing the traces of existence.

In all of his years of designing, Gianfranco Ferré has chosen feeling as his method, acting though a complex ensemble of flows, energies and forces that surround every vital manifestation, starting with the very energy of thought. All of this has prompted the fashion designer to hone his focus on that permanent instability that envelops us all, through an act of enquiry based on the perception and sensibility he finds in his own body.

Ferré brought his complex poetics to maturity through a series of "acts of passion", expanding his own lexicon by adding the sensual, emotional and organic. From materials, he has extrapolated a sublimated idea of these intangible qualities, as if to saturate them as veritable secrets, extrapolating rules for jewellery-making – tactile principles to reveal properties ancient and new that exist in nature – and taking possession of them, using them to create ornaments and forms of corporeal embellishment.

"Clothes may dress the body but they also denude it," writes Eugénie Lemoine-Luccioni in her book *La robe*, a mental journey around the art of dressing and its imaginative, expressive and socializing function – an essay that refers to analogies in the relationship between cloth and the garment, and between the skin and the Ego. Which brings us back once more to the heart of the issue: to the body.

In reality, the body does not exist. Man possesses an imaginary body; the gods possess the body of his imagination. Man has just one anatomy, a body in bits, zones and organs; he does not have a full body. Anatomy is destiny, said Freud, the end of rigour in art coincides with a body as a temporality that tends towards conservation through transformation, the ability to incarnate myths – a bright beacon and a point of no return.

It is the vital element for completing the garment and decorating the body. In this approach, the accessory has always been a privileged object for my creative focus, a special passion that has grown and matured over the years. The relationship that links the garment

venuto più visibile, un corpo riconosciuto come il principale terreno d'incontro delle strategie nei rapporti tra il sé e il mondo. Il confine tra il corpo umano e il mondo in senso più ampio è incerto e fluttuante, e spesso, quindi, difficilmente individuabile. L'identità necessita di una memoria e tutti i progetti di Gianfranco Ferré sono ricostruzioni di storie, di estensioni e desideri e segreti... Egli parte da se stesso, dalla scoperta di come la propria identità possa essere "trasferita" da ciò che sembra inequivocabilmente personale alla dimensione creativa, un abito, un accessorio, un monile... La sua è una creazione complessa, evocativa, sospesa: ogni suo progetto contamina la certezza che si ha sulla propria identità e ogni sua creazione coglie l'occasione di lasciarsi "disperdere" nella capacità di rappresentare nuove storie, di intraprendere la strada della visione. È la scoperta della propria fragilità, ma anche della possibilità di fissare le tracce dell'esistenza.

Gianfranco Ferré, in tutti gli anni della sua progettazione, ha scelto il sentire come metodo e l'agire come una complessità di flussi, di energie e forze che circondano ogni manifestazione vitale, a partire dalla stessa energia del pensiero. Tutto questo ha indotto lo stilista a un affinamento dell'attenzione verso quell'instabilità permanente che avvolge tutti, come a un atto di verifica con la percezione e la sensibilità del proprio corpo.

Una notevole quantità di ragioni poetiche matura in Ferré, una serie di "atti di passione", come se volesse introdurre nel suo lessico il sensuale, l'emozionale, l'organico, per estrapolare, dai materiali, un'idea sublimata di essi, quasi a volerne saturare le qualità invisibili, come veri e propri segreti, al fine di ricavarne regole per la creazione dei gioielli, principi tattili per rivelare antiche e nuove proprietà esistenti in natura, di cui impossessarsi e da impiegare nella creazione di monili e forme di abbellimento per il corpo.

"L'abito veste il corpo ma lo spoglia della sua nudità", scrive Eugénie Lemoine-Luccioni nel suo volume *La robe*, un viaggio mentale intorno all'arte del vestire, alla sua funzione immaginativa, espressiva, socializzante: un saggio che rimanda alle analogie del rapporto che lega la stoffa al vestito, e la pelle all'Io.

E riecco apparire il problema: il corpo.

In realtà il corpo non esiste. L'uomo ha un corpo immaginario, gli dei hanno il corpo del suo immaginario. L'uomo ha solo un'anatomia, un corpo a pezzi, zone, organi; non ha un corpo intero. L'anatomia è il destino, diceva Freud, e la fine del rigore in arte coincide con un corpo che è una temporalità che tende alla conservazione mediante il trasformarsi, la capacità di incarnazione dei miti, come un grande luminoso e punto di non ritorno.

Elemento fondamentale a complemento dell'abito e a decoro del corpo: secondo

to the accessory is necessary and indivisible for me. They are born from a common inspiration, living in harmony from the first moment in which a collection takes form in my mind, referring back to the same impressions, even when developed in different forms and materials. Above all, they translate the same idea of quality and uniqueness. Of beauty and elegance. Item of clothing and accessory: one mirrors the other; one helps to understand the other. Better, the latter is a tool for interpreting the former, for a subjective reading of the garment. It enables anyone to easily adopt a style, nuance it and adapt it to themselves. The accessory is an adaptable and versatile way of translating emotions and impressions into reality, breathing life into dreams."

How we dress… is indeed a complex issue. A decisive one, too: for Lacan the garment, being woven, is a text (French offers the play on words *texture/texte*). The garment is a symbol, something that diverts attention and creates an appearance; a generator of a *quid* of fiction, and therefore of mystery. It is a game of smoke and mirrors: it shows something that is not there, or else hides something that is there. Clothing is a protection. It allows one to bring something intimate and inseparable along: an item chosen especially to provide an identity. When Winckelmann drafted his *catalogues raisonnés* of princes' and cardinals' collections, he found in them the alphabet of all Western art. From engraved gems, from that blossoming of the Enlightenment, he extracted the motifs and figures that would give birth to modern-day iconology studies. Studied as objects, items of clothing and jewels are freed from the exclusive dominion of sociology or the history of art. In the foreground we find the function of expression, imagination and socialization they have undertaken and continue to undertake in various different cultures. A whole Anthropology of dressing exists alongside the History of costume. Historically, human beings have communicated through clothing and jewellery, indeed no less directly than through great works of collective architecture, such as the Gothic cathedrals or our great historic cities. The mystery of their appeal lies in their unique combination of chaos and discipline, which unmistakably identifies each one of them.

For Gianfranco Ferré, the link between decoration and decorum is evident: the relationship between decorum as a sentiment of one's own dignity, and decoration as ornament and embellishment. Equally evident are the signs of an approach to design based on preferring one-off objects over objects multiplied, creations that interweave archetypes like threads and adopt contemporary signs as a form of poetic subtraction, after a pattern that at all times pursues this as a value.

Whether it be iron, stones or wood, Ferré is in complete symbiosis with his materials, moulding and manipulating them in a corporeal and manual process of working. Slowness and pa-

questa ottica l'accessorio è da sempre oggetto privilegiato della mia attenzione creativa e di una passione speciale, che negli anni è cresciuta e maturata. Necessaria e inscindibile è per me la relazione che lega l'abito all'accessorio. Nascono da una comune ispirazione, vivono in sintonia sin dal primo momento in cui nella mia mente prende corpo una collezione, rimandano alle stesse suggestioni, anche se elaborate in forme e materie differenti. E soprattutto, traducono la stessa idea di qualità e di unicità. Di bellezza e di eleganza. Abito e accessorio: l'uno è lo specchio dell'altro, l'uno aiuta a comprendere l'altro. Meglio ancora, il secondo è uno strumento per l'interpretazione del primo, per una lettura soggettiva del capo. Consente a chiunque di ritrovarsi senza difficoltà in uno stile, sfumandolo e adattandolo a sé. L'accessorio è un mezzo duttile e versatile per tradurre emozioni e suggestioni in realtà, per dare vita ai sogni."

Problema complesso, quello del vestire… Questione decisiva: per Lacan l'abito, come tessitura, è un testo (il gioco in francese è *texture/texte*). L'abito è un simbolo, qualcosa che svia e crea un'apparenza, il produttore di un quid di finzione e quindi di mistero. Uno specchietto per le allodole: per far vedere quel che non c'è o per occultare quel che è presente. L'abito è una protezione, permette di portare con sé qualcosa d'intimo e inseparabile, è un oggetto scelto appositamente per darsi un'identità. Quando Winckelmann stendeva i suoi cataloghi ragionati delle collezioni di principi e cardinali, vi scopriva l'alfabeto di tutta l'arte occidentale. Dalle gemme incise egli estraeva, in quello scorcio d'Illuminismo, i motivi e le figure dai quali sarebbero nati i moderni studi d'iconologia. Studiati come oggetto, abiti e gioielli si sottraggono al dominio esclusivo della sociologia, o della storia dell'arte. In primo piano è la funzione espressiva, immaginativa e di socializzazione che essi hanno svolto e svolgono nelle diverse culture. Alla Storia del costume si affianca un'Antropologia dell'abbigliarsi, perché storicamente gli esseri umani parlano attraverso i vestiti e i monili, non meno direttamente che attraverso le grandi opere d'architettura collettiva, come le cattedrali gotiche o le grandi città storiche. Il mistero del loro fascino risiede nell'irripetibile miscela di caos e rigore, che inconfondibilmente le identifica, una per una.

Per Gianfranco Ferré è evidente il legame tra decoro e decoro, il rapporto tra decoro come sentimento della propria dignità e decoro come ornamento e abbellimento, così come sono evidenti i segni di una progettazione che ha scelto l'oggetto unico al posto dell'oggetto moltiplicato, in creazioni che intessono gli archetipi come filati e i segni contemporanei come forma di sottrazione poetica, secondo un modello pensato sempre come un valore.

Che sia ferro, pietre o legno, Ferré entra to-

tience are key, always in harmony with the object, in a process that is redolent of the biological path of the body itself, made up of cycles, transformations that give life to another form – a form that in the beginning is unknown, but which takes shape bit by bit, riding an imaginary emotional wave through materials chosen for their intrinsic quality. Their nature emerges in the foreground, sometimes in a simple fragment, sometimes through macroscopic alterations. In all cases, the need is to cast light on the forms of a method that becomes the most precious part of a project. Paraphrasing a Zen saying: material is no different from the void; the void is no different from material: material is precisely the void: the void is precisely material. In the same manner, Ferré's work draws the infinite out of the finite by making visible what is invisible.

In Ferré's jewellery, the emotional and sensorial are highly important, and indeed, they drive his research. This aspect is the completion of an action made possible by his knowledge of ways and culture, and the body is the necessary precondition for this experience to occur. It is the key tool through which we get to know ourselves and the world; we experience reality through the body. All of our experiences, our identity, and our uniqueness issue from a body associated with emotions.

We act as if beauty was one of the end-purposes of our existence, and yet everything reminds us that in actual fact it is as if beauty were something we cannot stand. Ferré knows that the sense of beauty *perhaps* lies precisely in our ability to change our minds, tastes, ways and views; it *perhaps* lies in contrasts, in that very contrast that is the *chiaroscuro* creation of projects out of the infinite possibilities of the imagination.

Ferré knows that the image of a spectacle constructs sequences according to laws of association and opposition, resulting in voluble and quick-moving fashions, whereas his research is oriented towards the generation of a system of interwoven times and places, materials, histories and horizons.

Baudrillard defines modernity as a code, identifying in fashion the very emblem of this modernity: a structure in which all cultures exchange with one another, combine with one another, cross-pollinate with one another, entering into states of ephemeral balance. Once again, then, the importance of the symbol emerges. Indeed, symbols are pervaded by an idea that refers back to something else through metaphor and allegory. Developing this further, a symbol is like a shard, something that has become detached; the meaning of a project lies precisely in the movement that seeks to re-unite the fragment with its original matrix, its transcendental part, its never-forgotten totality. The symbol (the word comes from the Greek *symbàllo*, "I put together") originally designated the two halves of an object that could be made whole again by bringing them physically back together. It follows that the very concept

talmente in simbiosi con la materia, plasmandola, manipolandola, con un lavoro corporeo e manuale, con lentezza e pazienza: tutto al fine di creare un legame con l'oggetto, tanto da far pensare allo stesso percorso biologico del corpo, fatto di cicli, una trasformazione che dà vita a un'altra forma, una forma che all'inizio è un'incognita, che prende consistenza poco alla volta, lungo un'immaginaria onda emotiva, attraverso materiali scelti per le loro qualità intrinseche. La loro natura emerge in primo piano, talora in un semplice frammento, talora in macroscopiche alterazioni, sempre con l'esigenza di portare alla luce le forme di un metodo che diventa la parte più preziosa di un progetto. Parafrasando un detto zen: la materia non è diversa dal vuoto, il vuoto non è diverso dalla materia: la materia è precisamente il vuoto; il vuoto è precisamente la materia. Così, il lavoro di Ferré porta fuori l'infinito dal finito, e rende visibile ciò che è invisibile.

Nel gioielli di Ferré l'aspetto emotivo e sensoriale è molto importante e motivo trainante di ricerca; è il compimento di un'azione resa possibile dalla conoscenza di modi e culture, e il corpo è la condizione necessaria affinché l'esperienza avvenga. È lo strumento fondamentale attraverso cui conosciamo noi stessi e il mondo; esperiamo la realtà attraverso il corpo. Da qui partono tutte le nostre esperienze, la nostra identità e unicità: un corpo legato alle emozioni.

Agiamo come se la bellezza fosse una delle finalità della nostra esistenza, eppure tutto ci ricorda che in verità è come se la bellezza ci fosse insopportabile. Ferré sa che il senso della bellezza sta *forse* proprio nella capacità di cambiare idea, gusti, modi, sguardi, sta *forse* nei contrasti, in quel contrasto che diventa luce e ombra e che crea progetti nati dalle infinite possibilità dell'immaginazione.

Ferré sa che l'immagine dello spettacolo costruisce sequenze secondo leggi di associazione o opposizione che sfociano in mode volubili e veloci, mentre la sua ricerca è mirata a produrre un sistema di intrecci tra tempi e luoghi e materie e storie e orizzonti.

È Baudrillard a definire la modernità un codice e a individuare nella moda l'emblema di tale modernità; una struttura nella quale tutte le culture vengono a scambiarsi, a combinarsi, a contaminarsi, a contrarre degli equilibri effimeri. Ancora una volta, dunque, emerge l'importanza del simbolo. Nel simbolo, infatti, permane un'idea che rimanda a qualcos'altro tramite la metafora e l'allegoria. In tal senso il simbolo è come una scheggia, una parte scissa; il significato di un progetto è proprio nel movimento che cerca di ricongiungere il frammento alla sua matrice originaria, alla sua parte trascendente, alla sua totalità mai dimenticata. Il simbolo (dal greco *symballo*, "metto insieme") designa in origine le due metà di un oggetto che, spezzato, può essere ricomposto avvicinandole:

of the symbol encompasses a metaphysical dimension that presupposes an almost mystical mutual interpenetration between the external and internal worlds. To maintain the exchange between these two worlds means having the matrices to hand, and this is precisely where Gianfranco Ferré's approach becomes so powerful: in his equivalency of beauty and research, he creates a combination that no longer leaves any space for absence, within a project that breathes life into the invisible concealed in the act of seeking beauty.

Francesca Alfano Miglietti

[1] Gianfranco Ferré's words, ideas and thoughts, as transcribed in the quotations here, are taken from interviews, lectures and the presentation notes to some of his collections.

nella dimensione del simbolo è pertanto racchiuso uno sfondo metafisico, che presuppone quasi una mistica compenetrazione reciproca tra il mondo esteriore e il mondo interiore. Per mantenere lo scambio tra questi due mondi sono necessarie delle matrici, ed è proprio in questo la potenza della metodologia di Gianfranco Ferré: nell'equivalenza tra bellezza e ricerca, in un connubio che non lascia più spazio all'assenza, in un progetto che dà vita all'invisibile nascosto nella ricerca della bellezza.

Francesca Alfano Miglietti

[1] Le parole, le idee e i pensieri di Gianfranco Ferré trascritti nelle citazioni sono tratti da sue interviste, incontri di docenza e note di presentazione di alcune collezioni.

Gianfranco Ferré: the Fantasy Project - Artefacts of Light for the Body

Come, now! If from the beginning of the world the Milesians sheared sheep, and the Serians spun trees, and the Tyrians dyed, and the Phrygians embroidered with the needle, and the Babylonians with the loom, and pearls gleamed, and onyx-stones flashed; if gold itself also had already issued, with the cupidity (which accompanies it), from the ground; if the mirror, too, already had licence to lie so largely, Eve, expelled from paradise, already dead, would have also coveted these things.

Tertulliano, *De cultu feminarum* I, 1

Since the dawn of creation, women have owned shiny materials of magnificence, offered to them in gift by sinning angels, from whom they have learned to appreciate the flattering secrets of such precious wonders: ornaments of fantasy, artefacts of light for the body that Gianfranco Ferré moulds *"with a magic that vibrates with unusual reflections."*[1] New, drama-enhancing aesthetic canons go beyond the concept of ornament, form, material and body; in their scenographic peculiarity they are subject to the radial light of beauty and enchantment, far beyond comparison with the preciousness of the jewel itself. Such materials of opulence are not second-string elements, they are creative artefacts qualified by the elevated aesthetic values of research to which Ferré allocates a relationship based on singularity: *"Jewels become clothes, clothes are jewels adorning the body, reaching to the very roots of line and decoration."* Thanks to the same creative chemistry, both evolve out of a shared inspiration, in which *"one is the mirror of the other, helping to understand and explain the other"* as, adapting to the body, they create an exchange of design-led compositional values that transforms them into all-encompassing elements of the garment, or indeed parts of it. Using elaborate manufacturing techniques developed to cater to his vision of the end-result, inventor and creator Ferré asks of his jewels to become elements or integral parts of the magnificent sophistication of certain garments, onto which they bestow opulence and shine. Embodying this vision, his Spring/Summer 2001 collection featured an exotic cascade of coral necklaces fashioned into a sensual red minidress, which had an amazing impact when shown. Within that same collection, at a time when Ferré was carving out his personal approach to construction, he focused on achieving innovative effects, requiring his jewels to become a functional pretext for the composi-

---

Gianfranco Ferré: il progetto della fantasia - Artefatti di luce per il corpo

Ebbene! Se all'origine del mondo i Milesi tosavano le loro pecore, i Seri filavano i loro alberi, i Tiri tingevano, i Frigi ricamavano e i Babilonesi tessevano, se il candore delle perle splendeva e le pietre preziose scintillavano e se anche lo stesso oro fosse già uscito dalla terra insieme alla brama di possederlo, se anche lo specchio poteva già tanto mentire, credo che Eva avrebbe bramato anche tutto ciò sebbene già morta, essendo stata cacciata dal paradiso.

Tertulliano, *De cultu feminarum* I, 1

Fin dalla creazione le donne hanno posseduto luccicanti materie della magnificenza, offerte loro in dono dagli angeli peccatori, dai quali impararono ad apprezzare le segrete lusinghe di tali preziose meraviglie: ornamenti della fantasia, artefatti di luce per il corpo che Gianfranco Ferré plasma *"con una magia che vibra di inusitate riflessioni"*[1]. Nuovi canoni estetici teatralizzanti vanno oltre il concetto di ornamento, di forma, di materia e di corpo, perché sottomessi, nella loro peculiarità scenografica, alla luce radiale della bellezza e dell'incanto che supera la contrapposizione con il gioiello prezioso. Tali materie dell'opulenza non sono ornamenti di secondo livello, ma artefatti creativi qualificati da alti valori estetici di ricerca, ai quali Ferré assegna un rapporto di singolarità: *"I gioielli diventano vestiti, i vestiti sono gioielli che guarniscono il corpo, giungendo alle radici della linea e della decorazione"*. Grazie alla stessa chimica creativa, entrambi nascono da una comune ispirazione per cui *"l'uno è lo specchio dell'altro, l'uno aiuta a comprendere e spiegare l'altro"*, quando, nell'adattarsi al corpo, creano uno scambio dei valori compositivi progettuali che li trasforma in elementi totalizzanti dell'abito o di parti di esso. Con elaborate tecniche di realizzazione messe a progetto secondo la visione del risultato, da artefice creatore Ferré chiede ai gioielli di divenire elementi o parti integranti della ricercatezza sfarzosa di alcuni abiti, ai quali cedono opulenza e lucori. Secondo tale visione, nella collezione Primavera/Estate 2001, un'esotica cascata di collane in corallo forma un sensuale microabito rosso dal sorprendente impatto scenico. All'interno della stessa collezione, nel momento in cui Ferré afferma la sua personale idea del costruire, interviene sulla ricerca dell'effetto e impone ai gioielli di farsi pretesto funzionale alla composizione della materia e alla realizzazione della forma. Nel tribalismo di fogge inconsuete, si serve di

tion of his materials and realization of form. In his unusual approach to tribalism, he made use of big primitive pins, assigning them a decorative function as well as that of mounting and emphatically – regally – holding the generous volumes of a voluble Tuareg blue taffeta evening gown's structure. Beyond the exchange of these values, in their dialogue with the body's morphology, jewels become cleancut symbolic characteristics, referential decorative lines that travel the skin to become one with the items of clothing. Magical artefacts, wearable sculptures of great impact, enter into a significant relationship with the body and its gestures. As Gianfranco Ferré had occasion to say in July 1997, during a meeting with students of the Domus Academy: *"In my imagination, jewels help me construct the body, they help me sculpt it with clarity."* In his relationship with the body/ornament duality, Ferré has succeeded in going beyond the concept of "fashion jewelry", raising the profile of the creative and technical aspects of his designs. Aptly choosing his forms and materials, he celebrates the body's attributes through an original deployment of the narrative principle embodied by the artefacts themselves – artefacts that he transforms into figurative solutions, harmonic masses, beauty functional to the seductive pleasure of the body and bodily fashion.

We encounter the same emotional and creative impact, the same focus on research and executive study-based practice, whether Ferré is creating an item of clothing or a piece of jewellery; better still, ornaments made specially for the garment and the body. He proceeds by pursuing parallel methodological values, granting both sides of the equation their own existence, even if both of them exist together: *"They are born from a common inspiration, living in harmony from the very first moment in which a collection takes form in my mind, referring back to the same evocations, even when developed in different forms and materials. Above all, they translate the same idea of quality and uniqueness."* Indeed, his jewellery is not set into a time period downstream from the collection designed, it is conceived as an integral part of the same narrative. Rather than simple decorative contributions to gratuitous effect, accessories to set off items of clothing when Ferré is fine-tuning the runway show, his jewels are creations that form part of the ideative narrative focus, fundamental ornaments and key inspirational artefacts for achieving the desired overall impact, while helping to create a surprising *coup de théâtre* on the runway.

In the generative algorithm of these items, whether they be items of clothing or jewels, Gianfranco Ferré swears by the discipline of research as an articulated practice, a practice based on systematically seizing and analysing, while at the same time being a creative generator of ideas in progress. Interpreted as a significant maieutic method of invention, it gives origin to the specific content of the project,

grandi spille primitive che assumono la funzione di decoro, ma servono anche per montare e trattenere con enfasi e regalità i volumi generosi della volubile struttura di un abito da sera in taffetà blu tuareg. Al di là dello scambio di tali valori, i gioielli, nel dialogo con la morfologia del corpo, divengono tratti simbolici essenziali, linee decorative di richiamo che scorrono sulla pelle e compongono, insieme agli abiti, un tutt'uno con esso. Artefatti magici, sculture indossabili dall'effetto vistoso assumono un rapporto significativo con il corpo e i suoi gesti: *"Nella mia immaginazione il gioiello mi aiuta a costruire il corpo, a scolpirlo con nitore"*, afferma Gianfranco Ferré, nel luglio del 1997, in un incontro con gli allievi della Domus Academy. Nel rapporto duale corpo-ornamento, egli supera infatti il concetto relativo al valore del gioiello-moda per dare rilevanza all'aspetto creativo-tecnico del progetto, alla realizzazione delle proprietà plastiche e materiche in grado di celebrare gli attributi del corpo attraverso un'originale declinazione del principio narrativo degli stessi artefatti, che egli trasforma in soluzioni figurative, masse armoniche, bellezza funzionale al piacere seduttivo del corpo e della sua moda.

Troviamo lo stesso impatto emotivo-creativo e la stessa prassi di ricerca e di studio esecutivo nel momento in cui Ferré crea abiti e gioielli, o meglio, ornamenti apposti all'abito e al corpo. Procede secondo un criterio metodologico parallelo nel concedere agli uni e agli altri una propria vita, anche se entrambi vivono insieme: *"Nascono da una comune ispirazione, vivono in sintonia sin dal primo momento in cui nella mia mente prende corpo una collezione, rimandano alle stesse suggestioni, anche se elaborate in forme e materie differenti. E, soprattutto, traducono la stessa idea di qualità e di unicità"*. I gioielli, infatti, non sono inseriti in un tempo successivo rispetto alla messa a progetto della collezione, ma ideati come parte integrante del medesimo racconto. Non sono semplici contributi decorativi dall'effetto gratuito, apposti a completamento accessorio degli abiti nel momento in cui Ferré mette a punto la sfilata, ma creazioni facenti parte del focus della narrazione ideativa, ornamenti fondamentali dell'ispirazione, artefatti-chiave della definizione di quell'impatto d'insieme che contribuisce a creare sulla passerella un sorprendente *coup de théâtre*.

Nell'algoritmo generativo di tali manufatti, siano essi abiti o gioielli, la disciplina della ricerca appartiene a Gianfranco Ferré come prassi articolata, capace di cogliere e analizzare in maniera sistematica e allo stesso tempo creativa un generatore di idee *in progress*. Intesa come importante metodo inventivo maieutico, essa dà origine ai contenuti specifici del progetto, input di partenza che egli esplora in termini dapprima ampi, successivamente sempre più focalizzati su sensazioni, materiali, colori, tecniche, dettagli e rimandi. Le immagini di una parte integrante della ricerca svolta in funzione degli umori plasmabili della collezione vengono ri-

starting with the input he explores first in broad terms, before focusing in on sensations, materials, colour, techniques, details and references. The images of an integral part of the research, carried out according to the changeable moods of the collection, are presented on a moodboard, a phantasmagoric tableau that fires the imagination by generating logical, formal, historical and artistic connections. Melding East and West, such iconographic sources are a kind of anthropogeography of inspirational sources for clothing, decoration and other worlds, all of which are part of the production mechanism for the multiple relations applied to the development of his leading-edge ideas in jewellery and indeed clothes-making, given that the image of things resides in the idea, prior to them ever being made.

Along the path of research followed by Ferré during the various phases of designing his jewels, the evocations that he adopts from different narrations are unquestionably important: images taken from rare books, of which he is a scholarly collector; the real-time of history; the figurative arts; the latest developments in expressive trends; the rare repertories about which he is so knowledgeable; experiences from his journeys; his refined readings; his encounters and discoveries, all of the things that give wings to his creative fantasy, in that state between sleep and wakefulness of which he has written. He has a particular affinity – let's say an instinctive attraction – for forgotten articles, for the widest range of materials luxurious or otherwise, for uncovering suppliers who have retained high level technical samples that may be out of fashion but which reveal unusual workmanship. He adores to find out small ateliers, secret workshops packed to the rafters with craftsmanship, for their high potential for ingenious expertise, their ability to make rarities, supporting and translating his demanding challenges.

Gianfranco Ferré's technical-creative interest in jewels emerged before he turned his attention to the field of fashion. We may consider it an unplanned engagement, an initial passion that manifested itself during the years he studied architecture when, pursuing the pleasure of shaping, joining together, melting and soldering, manually and using a crafts-based approach on unusual materials, he created bracelets and belts with leather laces and metal finishes. Proof of this pleasure has survived the years in what he himself defines as *the sum of the skills, experiences and competencies that have been laid down over time as the result of multiple, differentiated inputs, or in other words, as the expression of a know-how.* In the creative trope of research and decorative narration from which these jewels originate, every element refers back to technique, to technology applied to matter, and to the effects of realization. In Ferré, we find an ability to combine aesthetic theory with functionality and practical realization, all heightened by the

portate su un *moodboard*, un fantasmagorico *tableau* che nel colpire la fantasia genera connessioni logico-formali, storico-artistiche. Tra Oriente e Occidente, tali fonti iconografiche richiamano l'antropogeografia delle fonti abbigliative, della decorazione e di mondi altri, che rientrano nel meccanismo produttivo di relazioni multiple applicate all'elaborazione di idee innovative sul gioiello e sull'abito: perché nell'idea risiede l'immagine delle cose che si prefigurano prima della loro stessa realizzazione.

Lungo il percorso della ricerca che accompagna Ferré nelle varie fasi della progettazione dei gioielli sono senz'altro importanti le suggestioni tratte da differenti narrazioni: immagini prese da libri di pregio di cui è colto collezionista, il tempo reale della storia, delle arti figurative, l'attualità delle tendenze espressive, i repertori rari di cui ha conoscenza, l'esperienza dei suoi viaggi, delle sue ricercate letture, ma anche gli incontri e le scoperte e, certamente, tutto ciò che mette le ali alla sua fantasia creativa, a quello stato tra sonno e veglia di cui ci ha fatto partecipi nei suoi scritti. Egli mostra un'attrazione particolare, una seduzione istintiva per i manufatti dimenticati, per i materiali più disparati e pregiati, per la scoperta di fornitori che conservano campioni di alto livello tecnico, per vecchie produzioni fuori moda che rivelano lavorazioni inconsuete. È affascinato dalla scoperta di piccoli atelier, di segrete botteghe di saperi artigianali, per il loro elevato potenziale d'ingegnosa perizia, capace di elaborare la rarità, di assecondare e tradurre le sue impegnative sfide. L'interesse creativo-tecnico di Gianfranco Ferré per i gioielli appare in un periodo precedente al suo impegno nel campo della moda. Lo si può considerare come un incontro non programmato a priori, una prima passione maturata durante gli anni degli studi in Architettura, quando, grazie al piacere di dare forma, legare insieme, fondere e saldare, in maniera manuale e artigianale, materiali insoliti, crea bracciali e cinture con stringhe di cuoio e finiture in metallo. Tale piacere è testimoniato negli anni da quella che egli stesso definisce *"la somma di abilità, esperienze, competenze che si stratificano nel tempo come risultato di apporti plurimi e differenziati, ovvero come espressioni di un sapere"*. Nel traslato creativo della ricerca e della narrazione decorativa che dà origine ai gioielli, ogni elemento ci riporta alla tecnica, alla tecnologia applicata alla materia, all'effetto della realizzazione. Scopriamo in Ferré la capacità di coniugare teoria estetica, funzionalità e realizzazione pratica, esaltate dal deliberato rigore del suo carattere, che onora i contributi della fantasia. Attraverso tale perizia, manifesta un rapporto di stima ampiamente ricambiato per l'arte manuale di coloro che, in alcuni casi, eleva a ruolo di "artigiani artisti", per la sorprendente abilità di saper creare in laboratorio piccole opere, gioielli dalla mirabile bellezza tecnica come, ad esempio, il pregiato bracciale-polsiera in ottone della collezione India della Primavera/Estate 1991, che trae ispirazione dalle colonne del Qutb Minar

deliberate rigour of his character, which honours the contributions of fantasy. From this originates the high esteem – evident and reciprocated – in which he holds the manual artistry of people whom, in some cases, he elevates to the role of "artist craftsmen" for their surprising ability to create in their workshop small works of art, jewels of wondrous technical beauty such as, for example, the precious brass bracelet/wrist strap from his India collection of Spring/Summer 1991, inspired by the columns of the Qutb Minar minaret in Delhi, a shining example of Indo-Islamic architecture. This is an amazing example of artisanal craftsmanship; the refined richness of its repoussé and granulation technique required a painstaking manual job that took hours and hours of meticulous chiselling and soldering, in the same way as top-end jewellery, resulting in a unique specimen. Ferré has always had strong feelings for traditional Indian jewellery: "*Gleaming or subdued gold, silver with all of its reflective glints, poor metals that nevertheless gleam with the same richness as precious ones, gems that set off a phantasmagoric kaleidoscope… Indian jewellery plays with the symbolic value of its form; as decoration, it is almost necessary for the body, sometimes even to the point of ostentation. I seized upon it, making it a vital part of the realm of my imagination, interpreting it in my collections, always combining it with absolutely essential, unequivocally Western looks.*"

Very few sketches survive from his jewellery design, because Ferré has always loved working directly on the first rough drafts of his own ideas, that is to say on the materials, the forms, the assembly tests and the stratification of inputs that create the narration of the collection's mood.

For example, in his work on the jewels from the Spring/Summer 1992 collection, notably in the basic form of a number of apparently simple bracelets – for Ferré, simplicity is the synthesis of genius – his hand is evident. They are spontaneous compositions, enriched by overlapping encrustations of materials: different types of rocks, shells, starfish, aquatic flowers, floral swirls and arabesques illuminated by pearls, coral and coloured stones, triumphant and dynamic expressions of the rocaille style from early-18th-century France (jewellery and cabinetmaking in particular), which helped to forge the frivolous rococo in the decorative arts – a style that remains very much associated with fashion. If we pore over the minimal number of sketches, we encounter synthetic and precise life-size drafts made by somebody who already knows the end result he wants to achieve, and who clearly wishes to convey the various stages of the process. Through the mediation of his assistants, who share his desire to innovate the idea's construction and feasibility, Ferré sends to the workshop an amount of know-how that very often comes from the interpretive entrepreneurship of the very craftsmen who take his

di Delhi, importante esempio di architettura indo-islamica. Mirabile prova di maestria artigianale, per la ricercata ricchezza della lavorazione a sbalzo e granulazione, tale unico esemplare ha richiesto, al pari dell'alta gioielleria, un minuzioso intervento a mano di ore e ore di certosino lavoro di cesello e saldatura. Nei confronti del gioiello di tradizione indiana, Ferré ha manifestato sempre un profondo sentire: "*Oro splendente o smorzato, argento con tutti i suoi riflessi, metalli poveri che tuttavia paiono avere la stessa ricchezza di quelli preziosi, pietre che inventano un caleidoscopio fantasmagorico…Il gioiello indiano gioca con la valenza simbolica delle sue forme, è decorazione quasi necessaria al corpo, talvolta anche ostentazione. Io me ne sono appropriato, l'ho reso parte imprescindibile del mio immaginario, l'ho reinterpretato nelle mie collezioni, sempre abbinandolo a look dall'essenzialità assoluta e inequivocabilmente occidentali.*" Si hanno pochi disegni relativi alla progettazione dei gioielli, perché lo stilista ha sempre amato intervenire direttamente sui primi grezzi abbozzi delle proprie idee, o meglio sui materiali, sulle forme, sulle prove di assemblaggio e sulla stratificazione di quei segni che ricreano la narrazione del mood della collezione. Nei gioielli della collezione Primavera/Estate 1992, sulle forme di base di alcuni bracciali apparentemente semplici, perché in Ferré la semplicità è sintesi di genialità, troviamo il suo intervento, la sua mano in composizioni spontanee, arricchite dalla sovrapposizione di incrostazioni materiche: differenti tipologie di rocce, conchiglie, stelle marine, fiori acquatici, riccioli e arabeschi floreali illuminati da perle, coralli e pietre colorate, espressioni trionfali e dinamiche dello stile *rocaille* che agli inizi del XVIII secolo in Francia, in special modo in oreficeria ed ebanisteria, contribuirà a definire nelle arti decorative il frivolo rococò, stile particolarmente legato alla moda. Se analizziamo l'esiguo numero di disegni, leggiamo un bozzetto di dimensione reale, sintetico e preciso di colui che già conosce il risultato e trasferisce con chiarezza i differenti piani di lavorazione. Con la mediazione degli assistenti che condividono la sua volontà d'innovare la costruzione e la fattibilità dell'idea, Ferré trasmette ai laboratori un insieme di saperi molto spesso appresi dall'intraprendenza interpretativa degli stessi artigiani, i quali colgono nelle sue richieste una sfida, un contributo di stimolo all'esasperazione della ricerca e alla sperimentazione di nuovi metodi e tecniche che possano stupirlo, quando, con ardua perizia, realizzano su forme complesse, bombate, la smaltatura di tre, quattro colori ottenuti con differenti passaggi in bagno galvanico. Il gesto, la costruzione del legare, annodare, snodare e collegare che incontriamo nella sua moda, certamente difficile da riportare nel gioiello, offre spazio a un attento studio sul design, sul funzionamento tecnico, sui raccordi tra le maglie, sulla realizzazione di chiusure complesse trasformate da un esaltante decoro contemporaneo. Nella ricerca della per-

ideas as a challenge to which they may rise, a stimulus to blue-sky research and to the experimentation of new methods and techniques that may amaze him when, with bold expertise, on complex and convex forms they manage to enamel three or four different colours, obtained one at a time in an electroplating bath.

This act – construction through combining, assembling, articulating and linking that we find in his fashion, something that is undoubtedly difficult to transfer to jewellery – requires a careful study of the design, the operating principles, the links between rings in a chain, the realization of complex fasteners transformed through stunning contemporary decoration. In his quest for perfection, between function and volumes, Ferré puts technique to the service of construction, adding value by hiding his fasteners with semi-precious gems, sometimes cut and inlaid using techniques borrowed from high-end jewellery making. Gianfranco Ferré has interpreted modernity not as a critique of tradition but as a process, as an exercise of rational and operational control over his work, all the while entrusting the "magnificent and progressive outcomes" of his mind to creativity. He has combined contemporaneity with the past, making the design of constructing jewellery and matching it to garments modern. For the final turn of his Autumn/Winter 1985-1986 collection, he transformed the contemporary physicality of a single, original ornament, perhaps improperly called "baroque curl", making it into the overall image for the entire show. This swirl of repoussé and gilded brass offered a renewed version of contemporary design, as Ferré had occasion to say in his presentation of the collection: *"I sought decoration… Not as a gratuitous and pointless addition, some form of mannered Baroque, but as the signal of an evolution that provided scope for new volumes and physicalities."* Indeed, he has steered clear of imitation jewellery, outdated and tarnished by the patina of time, a *jolie madame* kind of jewellery; even in the 1980s, he was a forerunner, both in his notion of *prêt-à-porter* jewellery and in his choice of materials, not to mention his research into techniques developed through contemporary craftsmanship remodelled via his leading-edge, knowledge-based approach. When Ferré has drawn on historical inspiration, he has worked by respecting the trope of the sign to refractive effect, embodied by modern materials or made so by design, context and, last but not least, manufacturing processes that add value to the item. Every creative act of his is imbued with relevancy by the choices he has made: he has respected the principle of modernity in his preference for certain materials to which he has entrusted the task of representing the lexicon of signs that make up his own style. He says so: *"To create fashion is to be able to look ahead. It is a condition in which creativity applied to fashion is a prime requirement, something I consider to*

fezione, tra funzione e spessori, Ferré sottomette la tecnica al servizio della costruzione, mentre aggiunge valore nel nascondere le stesse chiusure con pietre semipreziose, talvolta tagliate e incassate secondo la tecnica dell'alta gioielleria.

Gianfranco Ferré ha interpretato la sua modernità non come critica alla tradizione, ma come processo, esercizio di controllo razionale e operativo sul suo lavoro, anche se ha affidato alla creatività le "magnifiche sorti e progressive" della sua mente. Ha sposato la contemporaneità con il passato e reso moderno il design della costruzione del gioiello, insieme all'abbinamento di questo all'abito. Nell'ultima uscita della collezione Autunno/Inverno 1985-1986 ha trasformato in elemento totalizzante dell'immagine della sfilata la fisicità contemporanea di un singolo, originale ornamento, definito forse impropriamente "ricciolo barocco", andamento a voluta in ottone dorato e sbalzato, rinnovato da un design contemporaneo, come lo stesso Ferré chiarisce nella presentazione della collezione: *"Ho cercato la decorazione… Non un'aggiunta gratuita, inutile, un barocchismo di maniera, ma il segnale di un'evoluzione dove ci fosse spazio per volumi e una fisicità nuovi"*. Non ha proposto, infatti, un gioiello d'imitazione, superato e appannato dalla patina del tempo, un gioiello *jolie madame*, ma ha scelto, già negli anni ottanta, di anticipare i tempi sia nella concezione del gioiello *prêt-à-porter*, sia nella scelta dei materiali, sia nello studio delle tecniche messe a progetto da un'artigianalità contemporanea rimodellata da innovative conoscenze. Quando si è servito dell'ispirazione storica ha lavorato nel rispetto di un traslato effetto rifrattivo dei segni, incarnati in materiali moderni o resi tali dal design, dal contesto e, non da ultimo, dalle lavorazioni che conferiscono un plusvalore all'oggetto. Ogni suo atto creativo possiede, appunto, una rilevanza nelle scelte attraverso le quali ha esercitato il rispetto del principio di modernità, nella predilezione di alcuni materiali ai quali ha assegnato il compito di rappresentare il dizionario dei segni del proprio stile: *"Fare moda significa saper guardare avanti"*, egli afferma, *"è una condizione a cui la creatività applicata alla moda non può sottrarsi e che io giudico felice e stimolante, perché fa del mio lavoro un'attività costantemente in progress"*. Nei gioielli di Ferré cogliamo la messa in valore dei materiali, la scelta di sperimentare varietà rare, talvolta difficili da trattare, ma, secondo un suo assoluto principio, mai impossibili, perché spinge la prestanza della rarità verso l'azzardo dell'intervento tecnico-creativo. Troviamo tale esempio di eccellenza, al limite della preziosità, nella collezione Primavera/Estate 1993, d'ispirazione tribale-amazzonica quando coniuga, insieme a un design totemico-essenziale, l'eccellenza materica dell'elegante ebano nero proveniente dalle Indie, prezioso per la sua finissima texture, impiegato insieme al più raro ebano macassar originario dell'Indonesia, varietà og-

be felicitous and stimulating as it means that my work is constantly in progress." Ferré's "jewels" lend value to his materials, offering a chance to experiment with rare specimens, some of which may be difficult but never impossible to handle (this is an unshakable belief of his), because the very beauty of their rarity offers a challenge to technical and creative intervention. We find an example of this excellence, at the very limit of preciousness, in his Spring/Summer 1993 collection, inspired by Amazonian tribes, featuring an essential totemic design as well as the material excellence of elegant black ebony from the Indies, valued for its incredibly polished texture, used together with even rarer macassar ebony from Indonesia, a kind of wood that is today protected because it is threatened with extinction. *I have sought surprising materials with an echo of the fairytale about them, between the real and the imaginary, between authenticity and illusion… Darkened and moistened gold and metal, cascades of primitive jewels made from superlight balsa, plates of precious wood ornamenting the body.* In this declaration of love for bodily decoration, Gianfranco Ferré articulates the modern opulence – between the ethnic and the glamourous – of these hard, fine materials in krater-like bracelets inlaid with vertical grooves whose veining, ranging from reddish to green, grey and brown, combine so well with the gold of the collection's sculptured jewels.His Spring/Summer 1997 collection once again reasserted his design-led approach, along with his pleasure at breaking through the taboos of rarity and preciousness, thanks to his harmonization of semi-precious materials like sodalite, simple resins and a rich panoply of processed metals. This series of showy designer jewellery provided the focal point for the grand finale, dressing busts coyly covered by the hands of models clothed in simple iridescent blue silk denim jeans. At the same time, in seeking to transform his materials, Ferré challenges perfection – or rather, his sought-after imperfection – and produces stunning results through the manufacture of his jewels. Through a series of painstaking trials, he manages to turn simple resins into elegant material, moulded into the most challenging colours such as amber, enhanced through a number of different stages and treatments, including the technical expertise of melting small gold leaves inside the spheres that make up opulent, cascading necklaces (Autumn/ Winter 1992-1993 Collection).

For Gianfranco Ferré, the decorative status of jewellery is not solely down to manifesting the opulence of luxury, the attention-seeking or the "having-it-all" aspect of the category, but should rather express the harmony and the splendour of beauty, assembled according to the creative approach of the collection's vision and narrative: an integrated tale, perceived on the runway in a triumphant association of body, garment, jewel, and accessory, knowledge-based research evoked in a dreamlike at-

gi protetta perché minacciata di estinzione. *"Tra il vero e l'immaginato, l'autentico e la sua illusione, ho cercato materie sorprendenti con un'eco di favola… Oro e metallo scuriti e bagnati, cascate di gioielli primitivi di leggerissima balsa, placche di legno pregiato ornano il corpo."* In questa dichiarazione d'amore per la decorazione del corpo, Gianfranco Ferré riafferma l'opulenza moderna, tra etnico e glamour, di questi materiali duri e pregiati nei bracciali a cratere, intarsiati da scanalature verticali con venature tra il rossastro e il verde, il grigio e il marrone che ben si accompagnano all'oro dei gioielli-scultura della presentazione. La collezione Primavera/Estate 1997 afferma ancora una volta il suo carattere progettuale, insieme al suo piacere d'infrangere l'attributo di rarità e preziosità nell'armonizzare materiali semi-preziosi, come ad esempio la sodalite, con semplici resine o con una ricca declinazione di metalli trattati. Una serie di gioielli dal design vistoso rappresentano il focus dell'uscita finale, vestendo busti pudicamente coperti dalle mani delle modelle che indossano semplici jeans in denim di seta blu dall'effetto iridato. Allo stesso tempo, nella ricerca della trasformazione dei materiali, Ferré ha sfidato la perfezione, o voluta imperfezione, nell'eclatante risultato della fattura del gioiello. Dopo ostinate prove, ha reso materia ricercata anche le semplici resine, plasmate nei colori più difficili, come l'ambra, impreziosita da differenti passaggi e trattamenti, inclusa la perizia tecnica della fusione di piccole foglie d'oro poste all'interno delle sfere che compongono ricche cascate di collane (Collezione Autunno/Inverno 1992-1993).

Per Gianfranco Ferré lo statuto decorativo del gioiello non è legato semplicemente all'opulenza vistosa del lusso, nell'eclatante accezione gattopardesca di abuso, ma certamente anche all'armonia e allo splendore della bellezza, costruita secondo il progetto creativo della visione del racconto della collezione: una trama, una narrazione integrata, percepiti sulla passerella nel trionfale accordo tra corpo, abito, gioiello, accessorio, ricerca di saperi declinati nell'atmosfera del sogno, progettato con realtà per un momento di moda. Le sue collezioni portano all'incanto e non alla sorpresa, perché conosciamo il suo talento. Nel voler ammaliare, Ferré non ha vissuto la forma della spettacolarizzazione, perché niente appare gratuito all'attrazione, alla seduzione della sua idea di bellezza come esistenza autonoma per l'effetto che produce.

Anna Maria Stillo Castro

[1] Le parole, le idee e i pensieri di Gianfranco Ferré trascritti nelle citazioni sono tratti da sue interviste, incontri di docenza e note di presentazione di alcune collezioni.

Si ringrazia Valentina Brugnatelli per l'intervista.

mosphere, projected into reality only for this fashion moment. His collections generate enchantment rather than surprise because we are all aware of his talent. In his desire to enchant, Ferré has avoided resorting to forms of the spectacular: nothing appears to be gratuitous in the attractiveness and seduction of his idea of beauty, seen as having its own independent existence because of the effect it produces.

Anna Maria Stillo Castro

[1] Gianfranco Ferré's words, ideas and thoughts, as transcribed in the quotations here, are taken from interviews, lectures and the presentation notes to some of his collections.

My gratitude to Valentina Brugnatelli for the interview.

Bibliografia / Bibliography

A onor del falso. Umori e tendenze del bijou dagli anni '20 agli anni '80, catalogo della mostra (Bologna, Palazzo Re Enzo, 23 ottobre - 4 novembre 1993), Edizioni De Luca, Roma 1993
Diamanti: arte, storia, scienza, catalogo della mostra (Scuderie del Quirinale, 1 marzo - 30 giugno 2002), Edizioni De Luca, Roma 2002
France Borel, *Le vêtement incarné. Les métamorphoses du corps*, Calmann-Lévy, Paris 1992
Deanna Farneti Cera, *I gioielli della fantasia*, Idea Books, Milano 1991
Gianfranco Ferré, *Lettres à un jeune couturier*, Éditions Balland, Paris 1995
Gianfranco Ferré, *Il gioiello tra Oriente e Occidente, un percorso tra progetto e fantasia*, in *Lezioni di moda*, a cura di Maria Luisa Frisa, Marsilio Moda, Venezia 2009
Giusi Ferré (a cura di), *Gianfranco Ferré. Itinerario*, Leonardo Arte, Milano 1999
Anna Maria Stillo Castro, *Mito e meraviglia nel segno dei gioielli*, in "D'Ars", 121, ottobre 1988

IL
GIOIELLO,
PASSIONE'
E DESIDERIO
DI BELLEZZA.
JEWELS
AS PASSION
AND DESIRE
FOR BEAUTY.

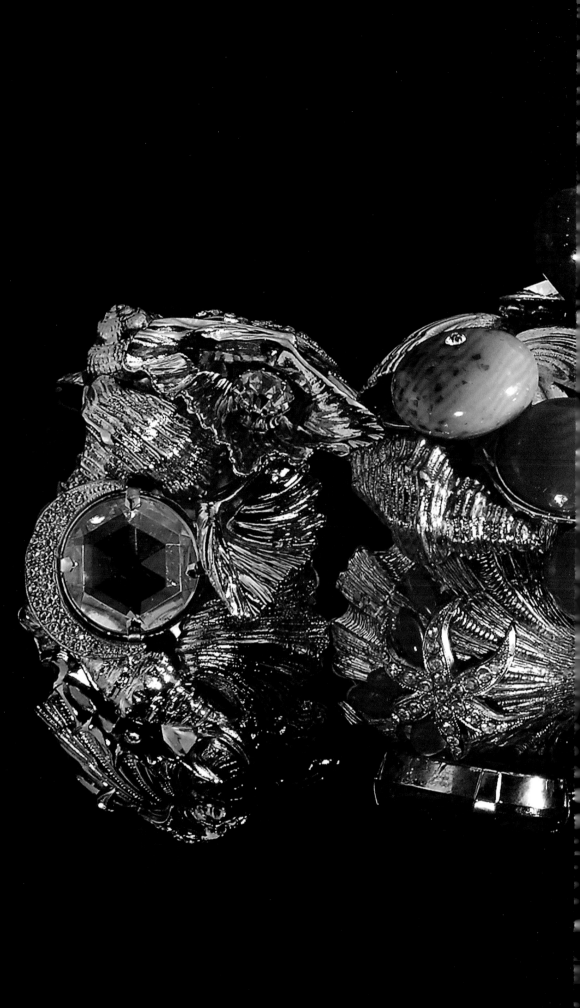

IL GIOIELLO, DECLINAZIONE ANCHE DI MATERIA ALTERNATIVA.
JEWELS AS INFLECTION ALSO OF ALTERNATIVE MATERIALS.

Bracciali,
pagina 27, P/E 1992 - A/I 1992-1993
Ottone galvanizzato oro lucido,
resina sintetica, pasta di vetro, strass Swarovski
Bracelets,
page 27, S/S 1992 - F/W 1992-1993
Polished gold galvanized brass, synthetic resin,
glass paste, Swarovski crystals

Bracciali,
pagina 33, P/E 1992
Ottone galvanizzato bronzo, cuoio,
resina sintetica, pasta di vetro
Bracelets,
page 33, S/S 1992
Bronze galvanized brass, leather,
synthetic resin, glass paste

Bracciale,
pagina 34, P/E 1992
Ottone galvanizzato oro lucido,
resina sintetica, strass Swarovski
Bracelet,
page 34, S/S 1992
Polished gold galvanized brass,
synthetic resin, Swarovski crystals

Collana,
pagina 36, P/E 1992
Ottone galvanizzato oro lucido, osso,
resina sintetica, strass Swarovski, pasta di vetro
Necklace,
page 36, S/S 1992
Polished gold galvanized brass, bone,
synthetic resin, Swarovski crystals, glass paste

Collare,
pagina 38, P/E 1997
Ottone galvanizzato oro lucido
Choker,
page 38, S/S 1997
Polished gold galvanized brass

IL GIOIELLO,
LUSSO, OPULENZA
E RAFFINATEZZA.
JEWELS
AS LUXURY,
OPULENCE
AND
SOPHISTICATION.

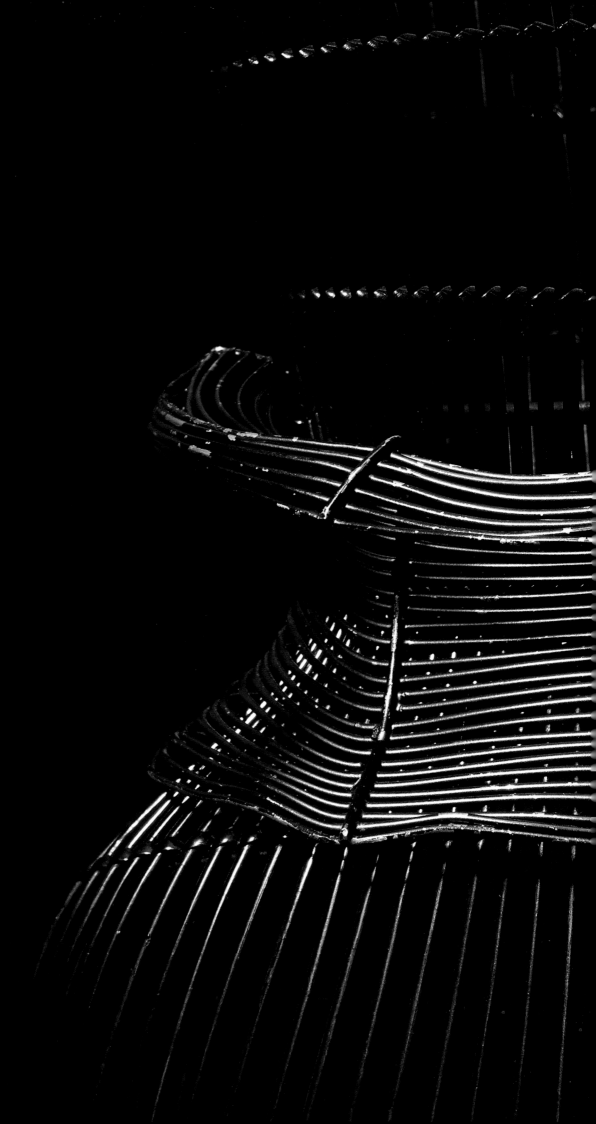

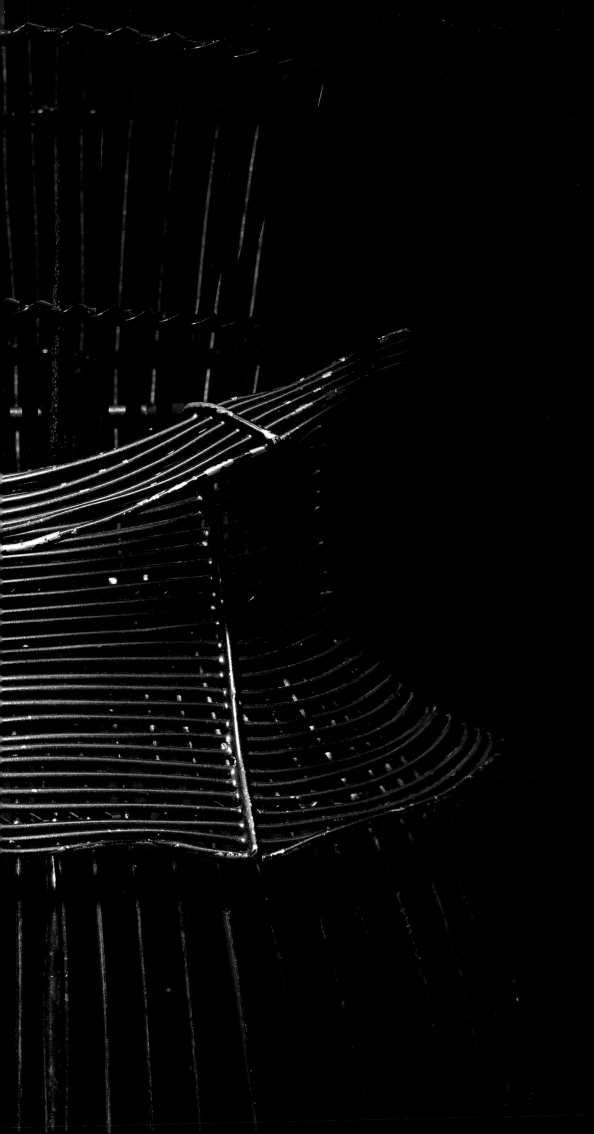

Collare,
pagina 40, P/E 1993
Ottone verniciato nero, pelle
Choker,
page 40, S/S 1993
Black painted brass, leather

Bracciali,
pagina 43, P/E 1993
Ottone verniciato nero
Bracelets,
page 43, S/S 1993
Black painted brass

Bracciali,
pagina 44, P/E 2001
Ottone galvanizzato rame lucido,
strass Swarovski
Bracelets,
page 44, S/S 2001
Polished copper galvanized brass,
Swarovski crystals

Bracciali,
pagina 47, A/I 1986-1987
Ottone galvanizzato oro lucido
Bracelets,
page 47, F/W 1986-1987
Polished gold galvanized brass

Bracciali,
pagina 48, P/E 1997
Ottone galvanizzato bronzo
Bracelets,
page 48, S/S 1997
Bronze galvanized brass

Bracciali,
pagina 50, P/E 1997
Ottone galvanizzato oro lucido
Bracelets,
page 50, S/S 1997
Polished gold galvanized brass

Collare,
pagina 52, P/E 1997
Ottone galvanizzato oro opaco
Choker,
page 52, S/S 1997
Opaque gold galvanized brass

IL GIOIELLO.
RIGORE GEOMETRICO
DIVENUTO ORNAMENTO.
JEWELS AS GEOMETRIC RIGOR
IN ORNAMENT FORM.

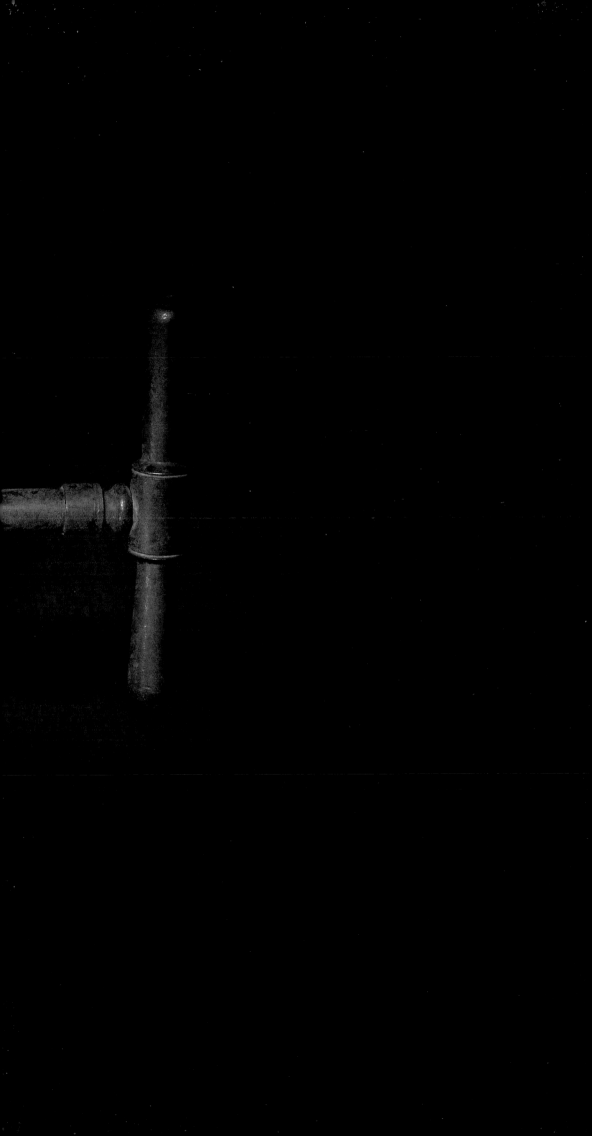

IL GIOIELLO,
TECNICA
RICERCATA,
LINEARE
ED ESSENZIALE.
JEWELS
AS REFINED
TECHNIQUE,
EXQUISITELY
SIMPLE
AND LINEAR.

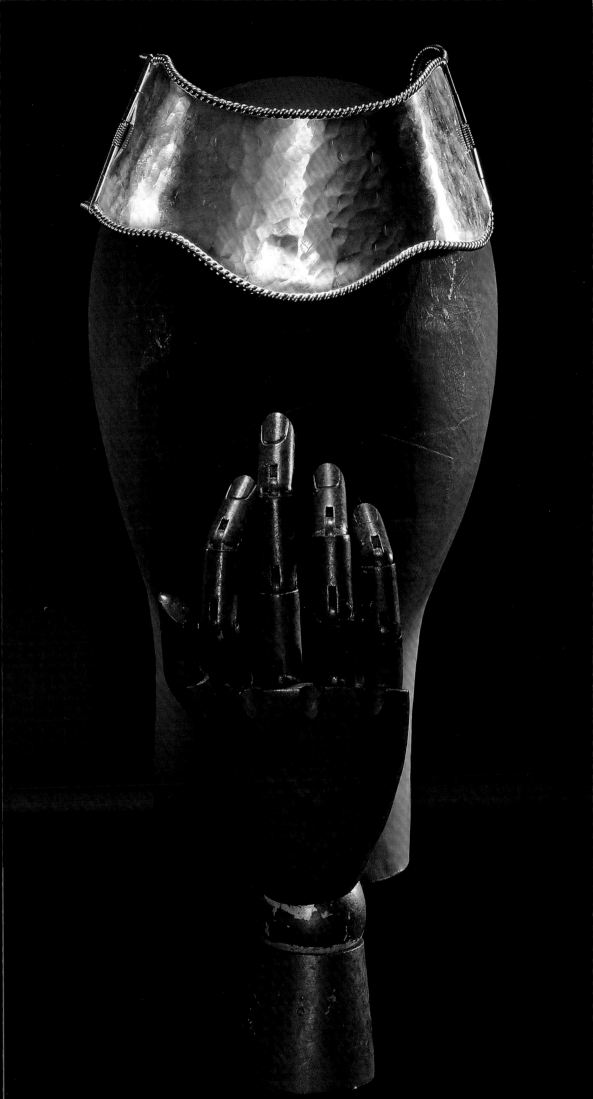

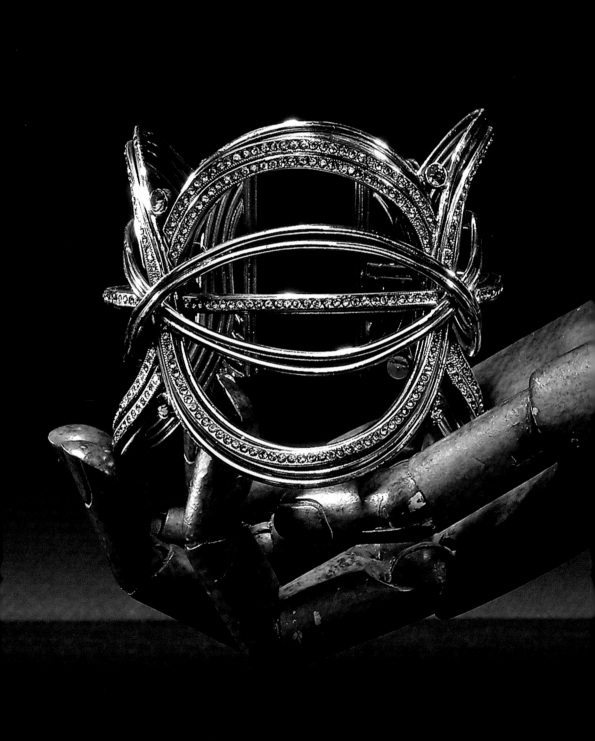

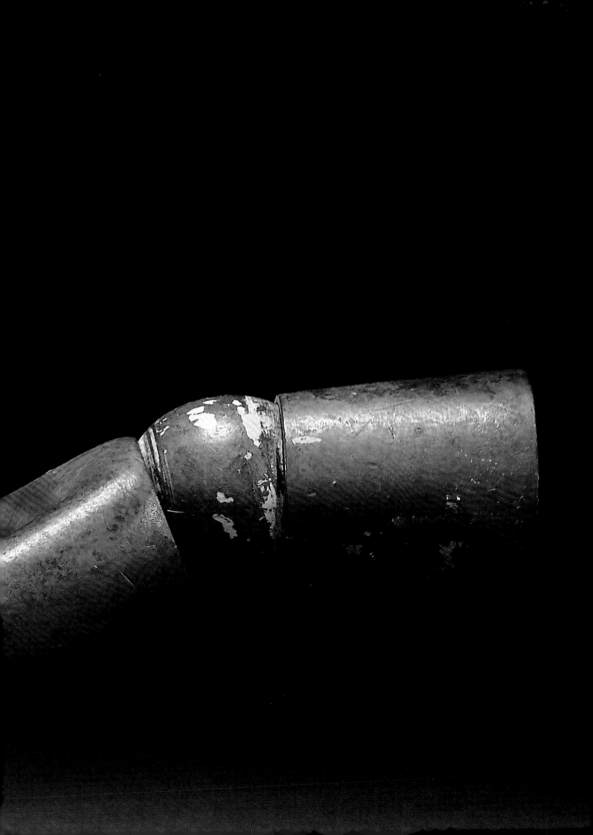

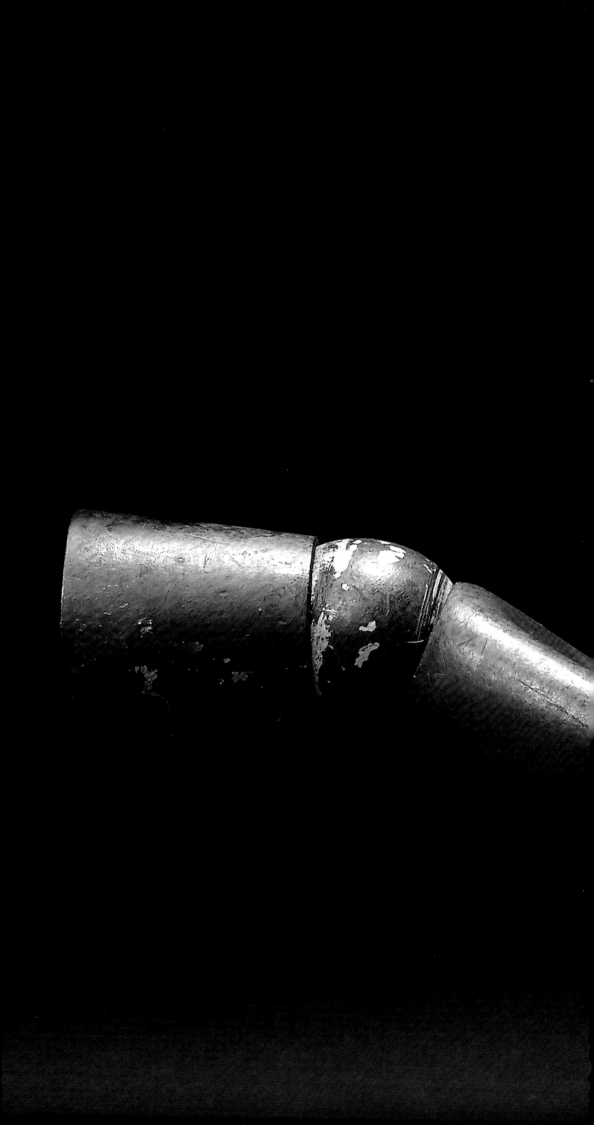

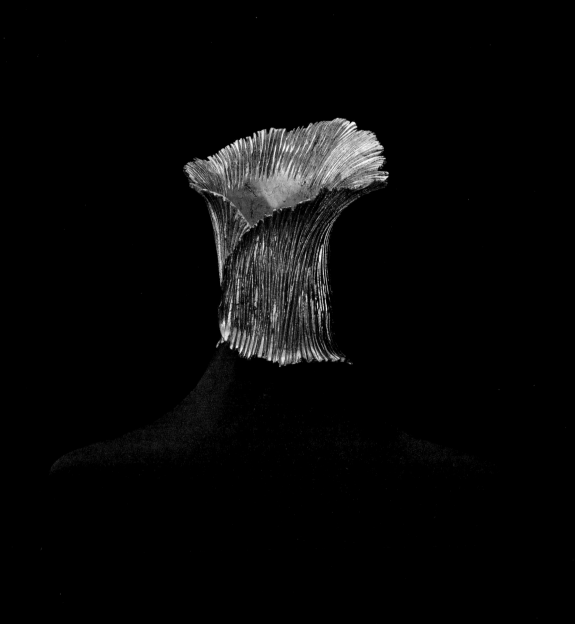

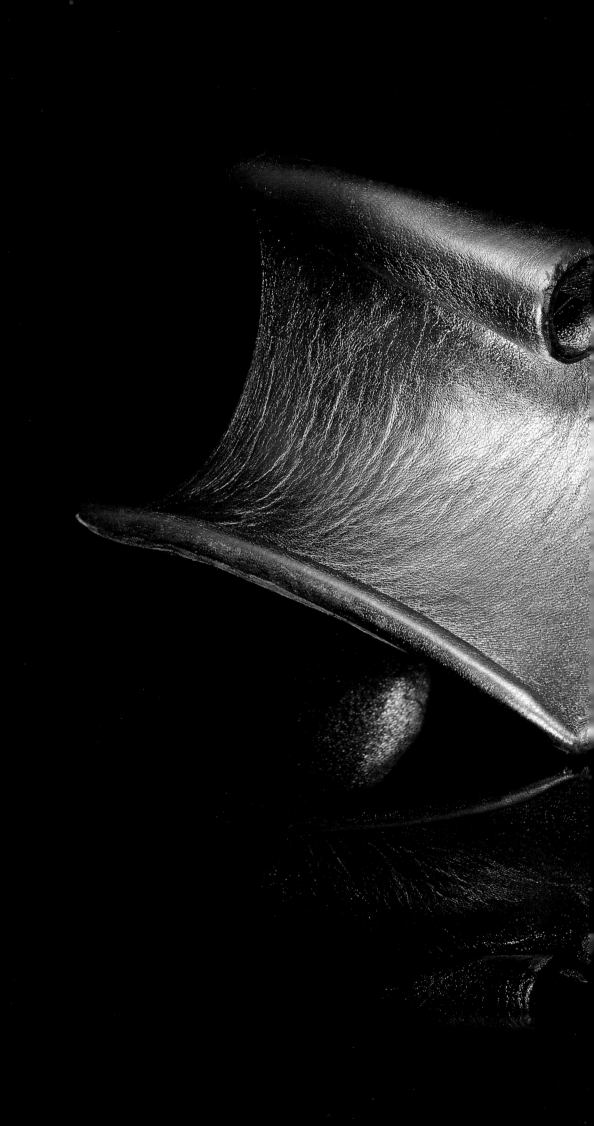

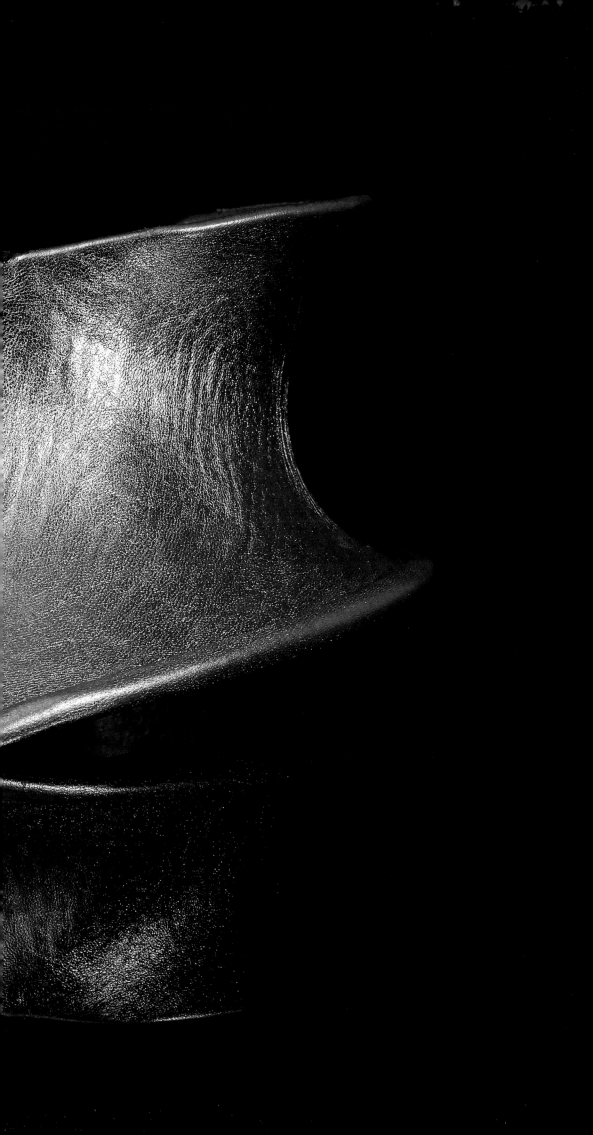

IL GIOIELLO,
RAPPORTO
PROFONDO
ED ESSENZIALE
CON IL CORPO.
JEWELS
AS A DEEP AND
ESSENTIAL
RELATIONSHIP
WITH THE BODY.

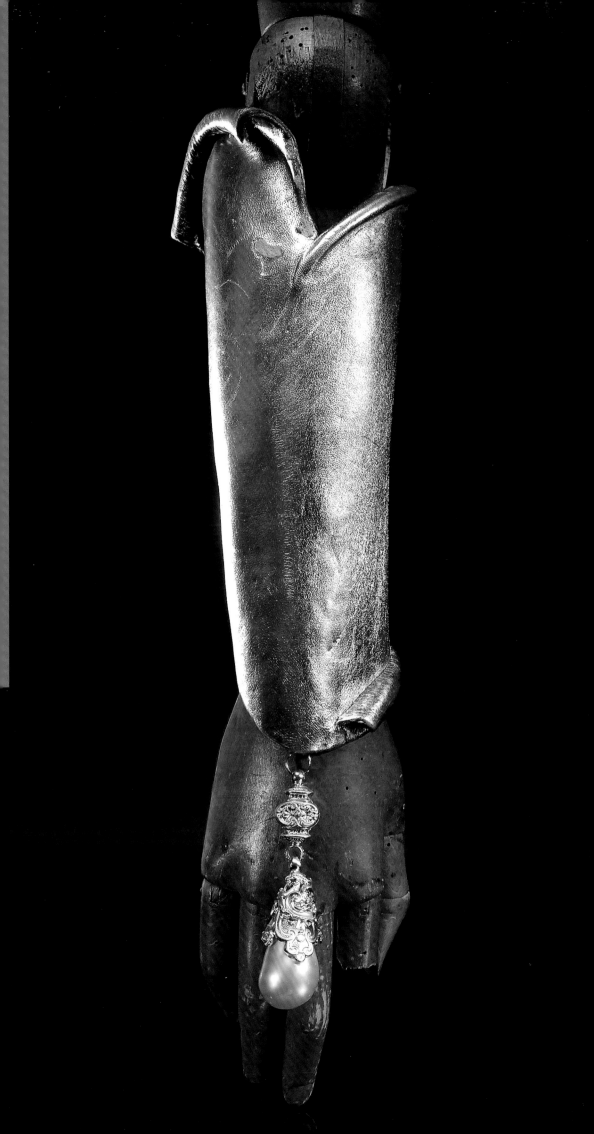

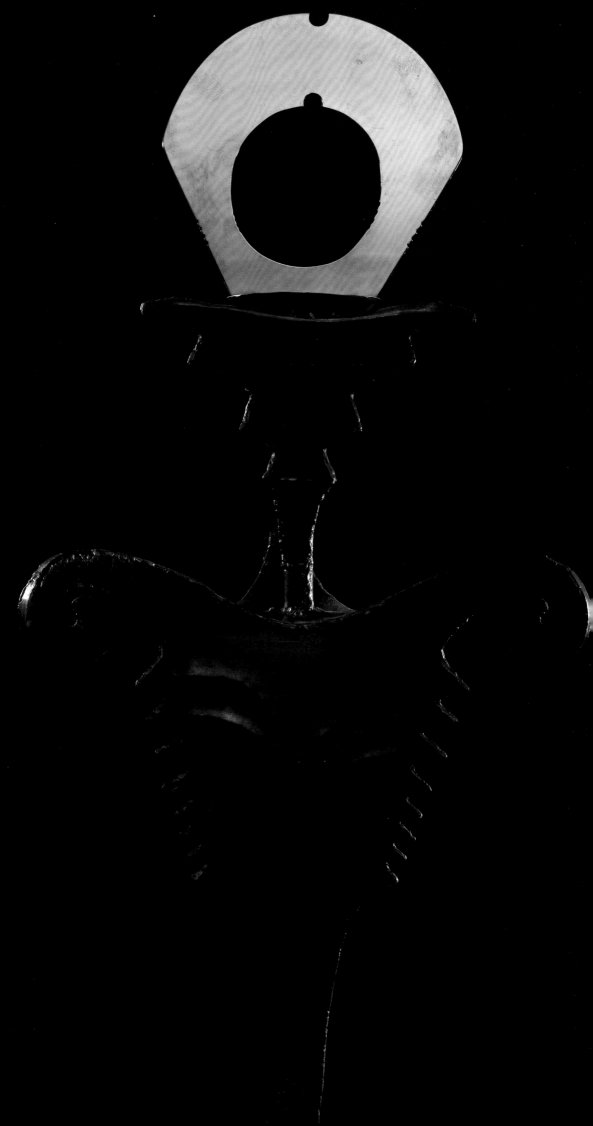

Bracciale,
pagina 66, P/E 1993
Ebano nero
Bracelet,
page 66, S/S 1993
Black ebony

Bracciale,
pagina 68, P/E 1993
Ebano macassar
Bracelet,
page 68, S/S 1993
Macassar ebony

Collare,
pagina 70, A/I 1993-1994
Pelle dorata su schiuma di poliuretano espanso,
bottone a pressione
Choker,
page 70, F/W 1993-1994
Gilded leather on expanded polyurethane foam,
press-stud

Bracciale,
pagina 73, A/I 1993-1994
Pelle dorata su schiuma di poliuretano espanso,
ottone galvanizzato oro lucido, resina sintetica,
strass Swarovski
Bracelet,
page 73, F/W 1993-1994
Gilded leather on expanded polyurethane foam,
polished gold galvanized brass, synthetic resin,
Swarovski crystals

Bracciale,
pagina 74, P/E 1997
Ottone galvanizzato argento anticato
Bracelet,
page 74, S/S 1997
Antiqued silver galvanized brass

Bracciale,
pagina 77, P/E 2001
Pelle, tessuto, ottone galvanizzato palladio,
filo elastico
Bracelet,
page 77, S/S 2001
Leather, fabric, palladium galvanized brass,
elastic thread

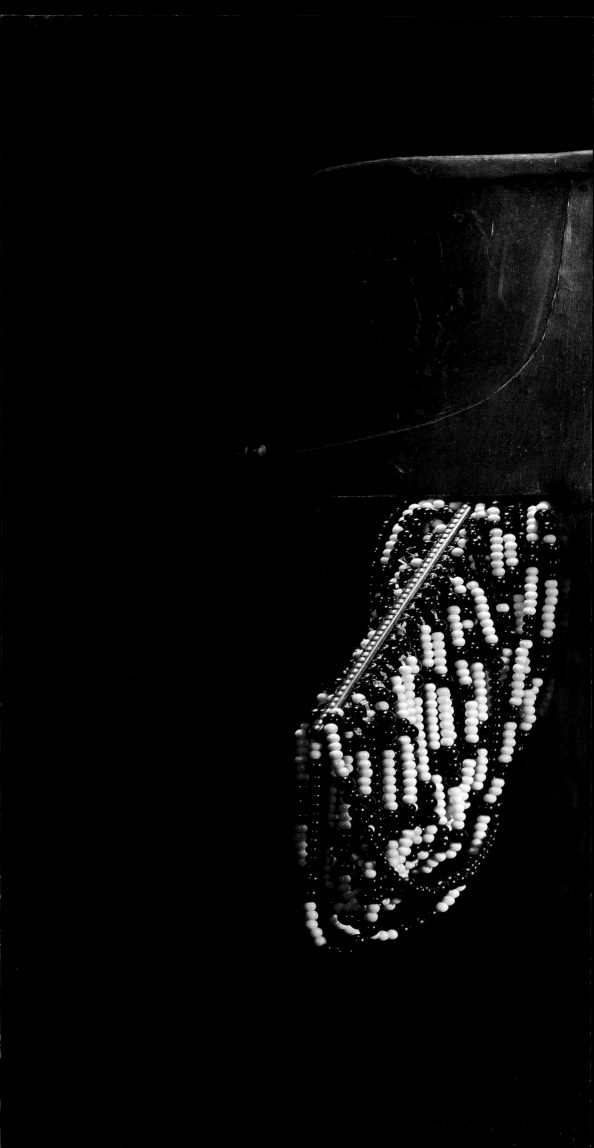

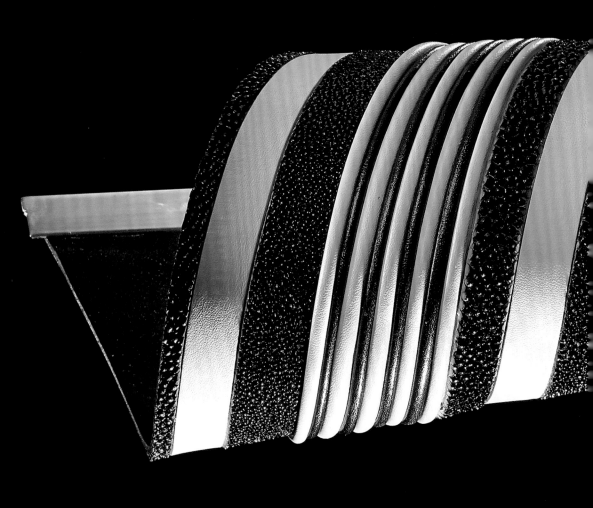

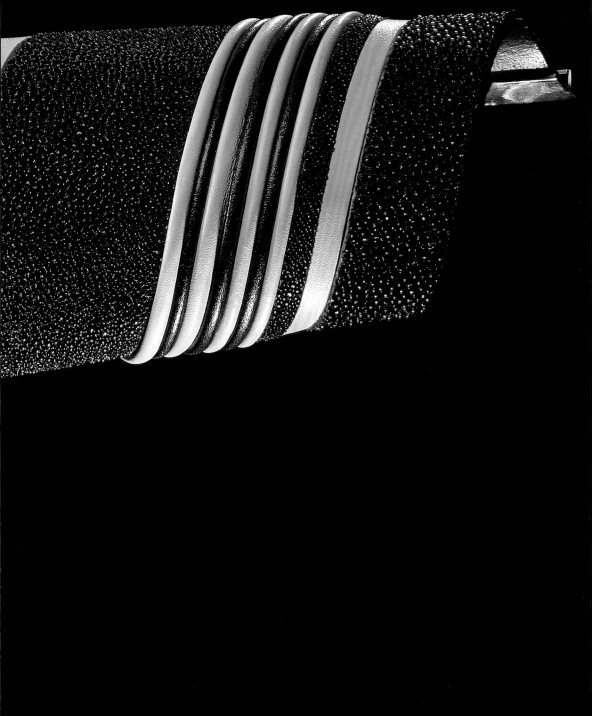

IL GIOIELLO, UN INCONTRO DI MATERIE INUSUALI.
JEWELS AS A MEETING AND MERGING OF UNUSUAL MATERIALS.

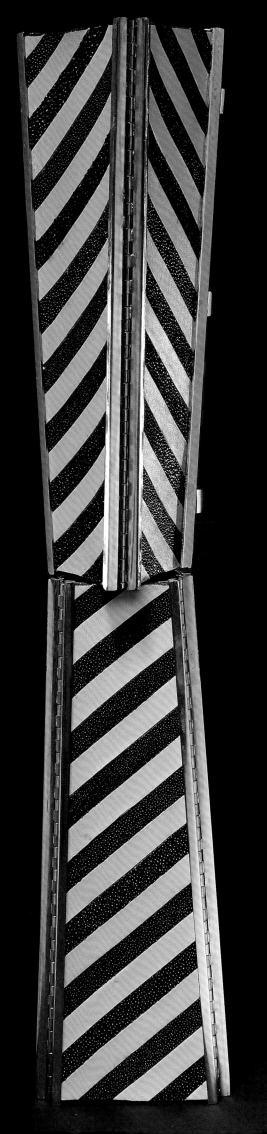

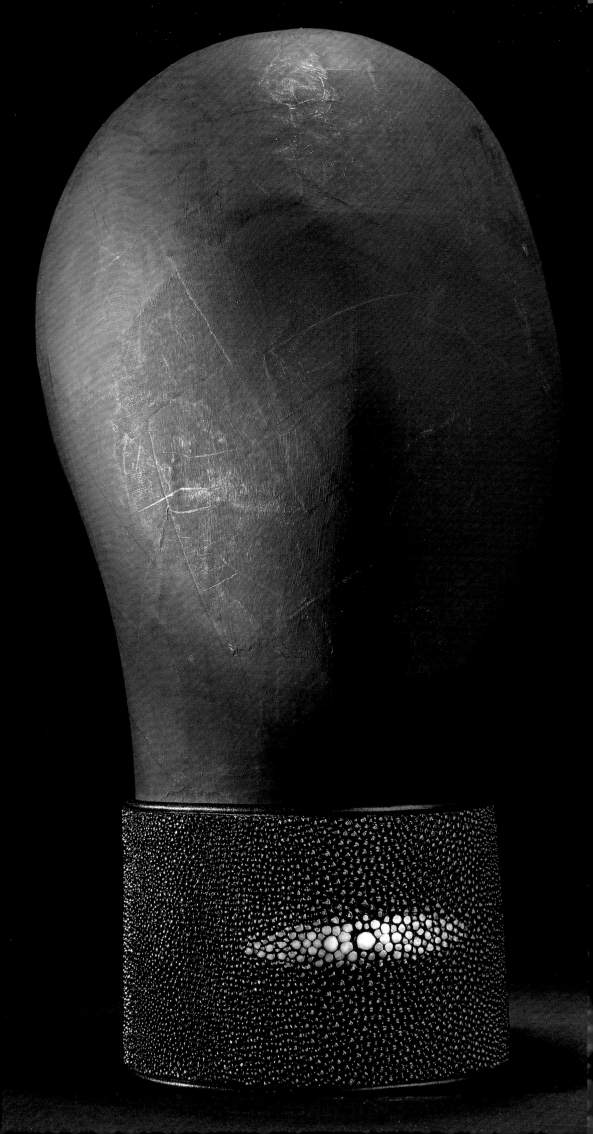

Bracciali,
pagina 89, P/E 2001
Ottone galvanizzato bronzo e canna di fucile,
strass Swarovski
Bracelets,
page 89, S/S 2001
Bronze and gunmetal galvanized brass,
Swarovski crystals
Bracciali,
pagina 91, P/E 1986
Resina sintetica, pelle nappata
Bracelets,
page 91, S/S 1986
Synthetic resin, nappa leather
Bracciale,
pagina 92, A/I 1992-1993
Pelle, ottone galvanizzato oro lucido
Bracelet,
page 92, F/W 1992-1993
Leather, polished gold galvanized brass
Collana,
pagina 94, P/E 1997
Ottone galvanizzato oro opaco,
cabochon di vetro
Necklace,
page 94, S/S 1997
Opaque gold galvanized brass,
glass cabochon
Collana,
pagina 97, A/I 1993-1994
Ottone galvanizzato oro lucido,
resina sintetica, strass Swarovski, pasta di vetro
Necklace,
page 97, F/W 1993-1994
Polished gold galvanized brass,
synthetic resin, Swarovski crystals, glass paste
Collana,
pagina 98, A/I 1991-1992
Ottone galvanizzato oro opaco,
resina sintetica, pasta di vetro
Necklace,
page 98, F/W 1991-1992
Opaque gold galvanized brass,
synthetic resin, glass paste

IL GIOIELLO,
RICORDO
DI COSTUMI
DA MONDI
LONTANI.
JEWELS
AS MEMORY
OF COSTUMES
FROM FAROFF
WORLDS.

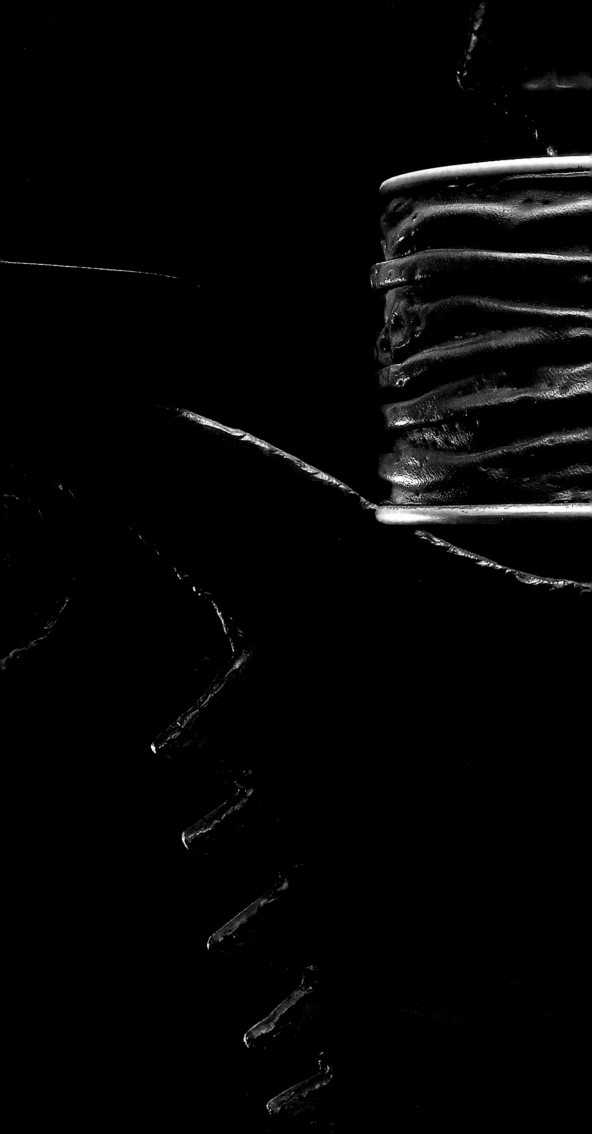

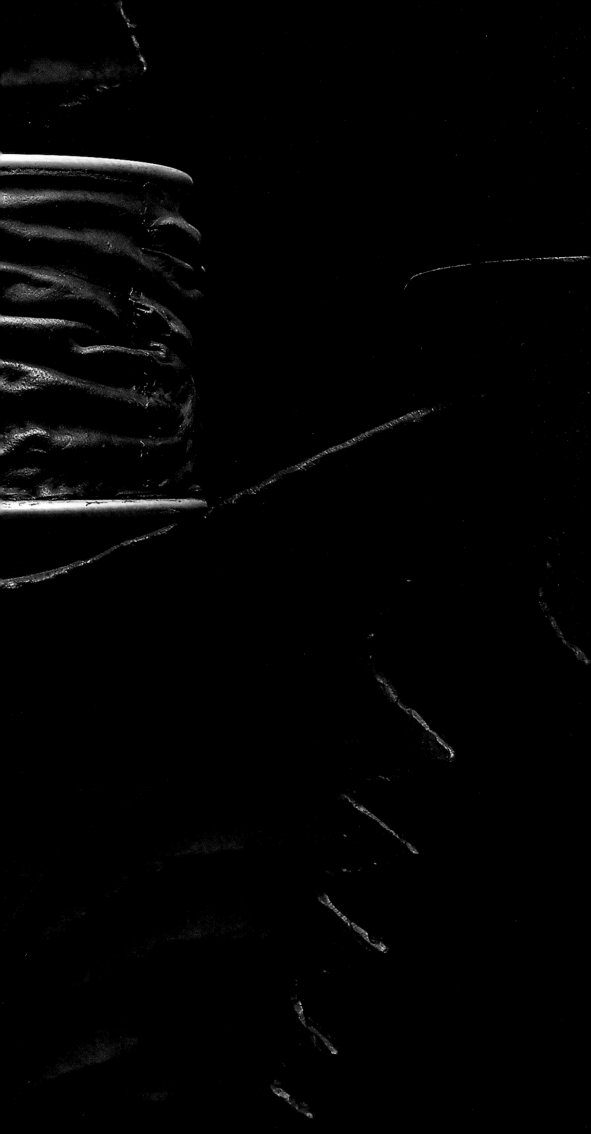

IL GIOIELLO, FIGURE, SIMBOLI E METAFORE. JEWELS AS IMPRESSIONS, SYMBOLS AND METAPHORS.

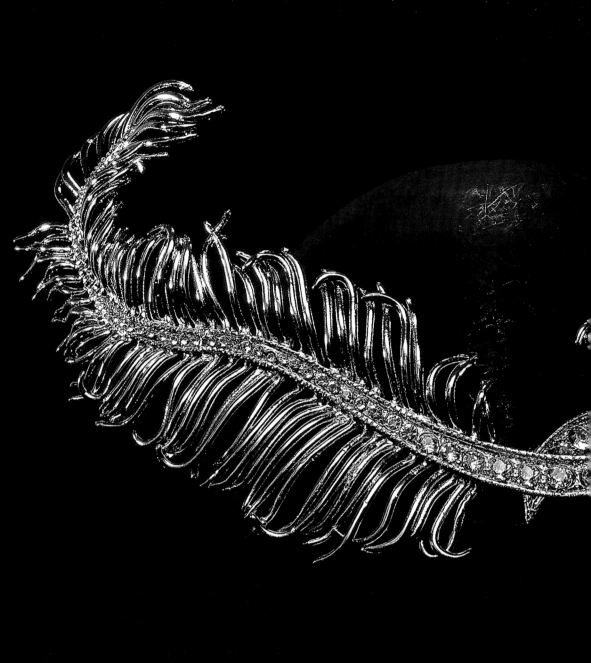

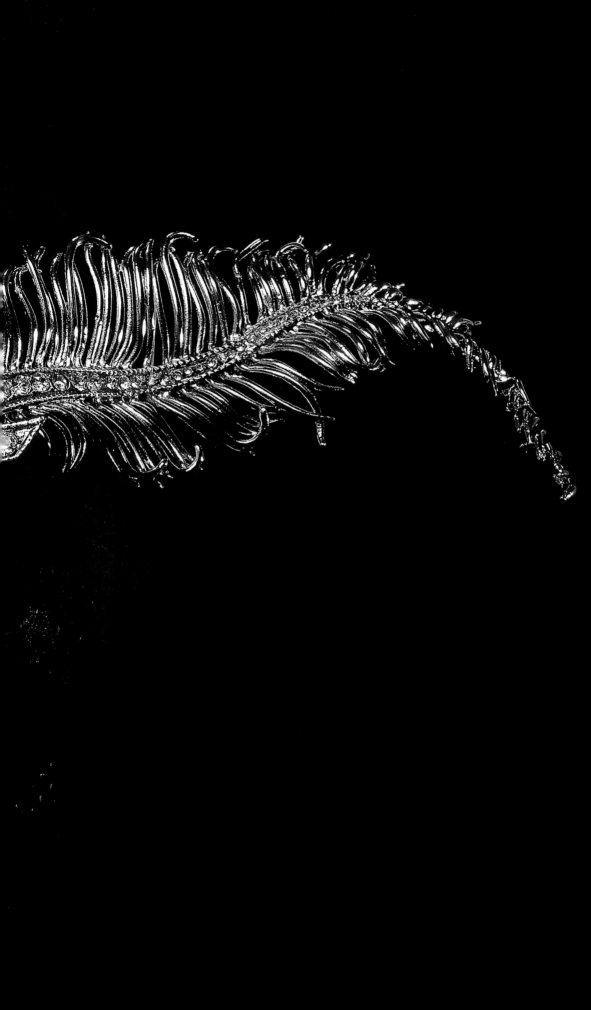

IL GIOIELLO,
UN LEGNO
NOBILE,
UN MONILE
FORTE E
PRIMITIVO.
JEWELS AS
NOBLE WOOD,
STRONG
AND PRIMITIVE
ORNAMENT.

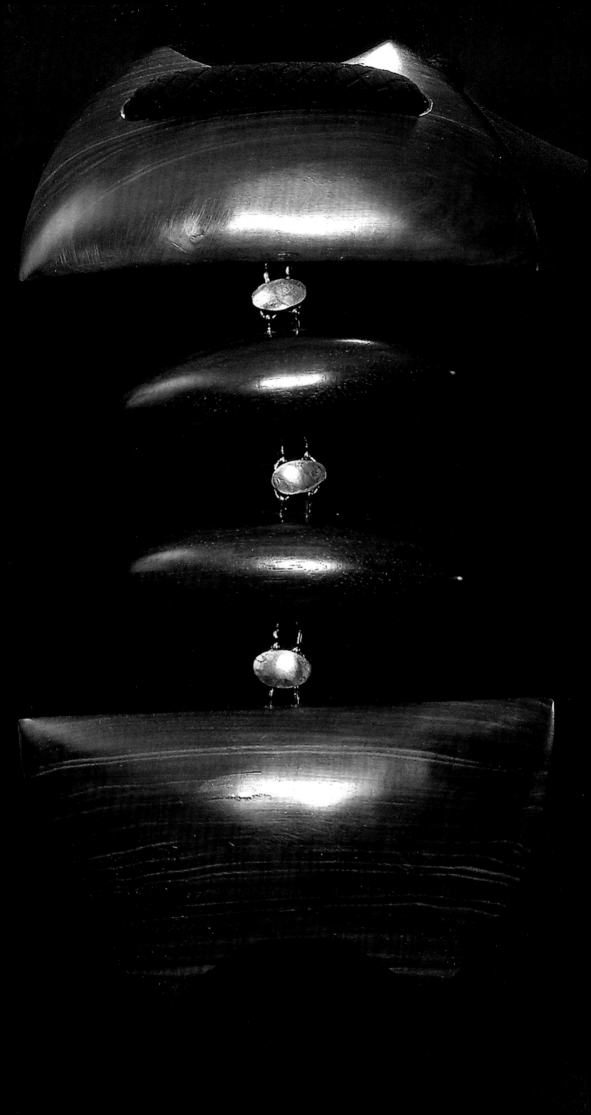

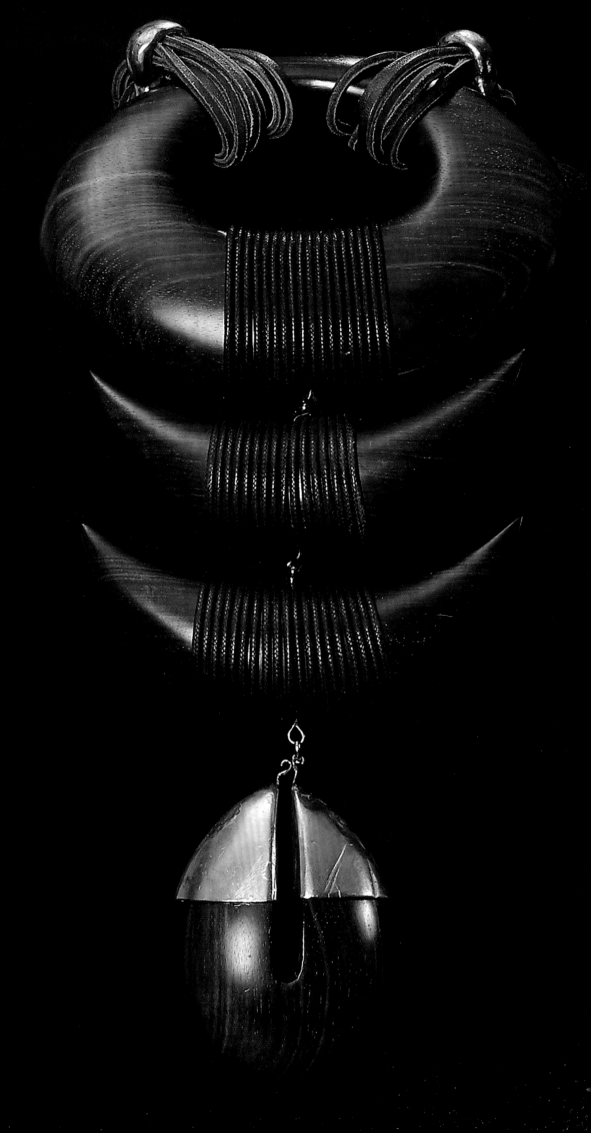

IL GIOIELLO,
VALENZA
DI SIMBOLO
OLTRE CHE DI
ORNAMENTO.
JEWELS
AS BOTH
SYMBOLIC AND
ORNAMENTAL
VALUE.

IL GIOIELLO, LA
PREZIOSITÀ E
L'APPEAL
DI METALLI
E PIETRE.
JEWELS
AS THE
PRECIOUSNESS
AND APPEAL
OF METALS
AND STONES.

Collana,
pagina 113, P/E 1993
Wengé, ottone galvanizzato oro opaco,
camoscio, cuoio, corda cerata
Necklace,
page 113, S/S 1993
Wenge, opaque gold galvanized brass, chamois,
leather, waxed cord
Collana,
pagina 114, P/E 1993
Wengé, ottone galvanizzato oro opaco,
cuoio, corda cerata
Necklace,
page 114, S/S 1993
Wenge, opaque gold galvanized brass,
leather, waxed cord
Collana,
pagina 116, P/E 1997
Resina sintetica, ottone galvanizzato bronzo
Necklace,
page 116, S/S 1997
Synthetic resin, bronze galvanized brass
Spille,
pagina 119, P/E 2005
Ottone galvanizzato bronzo,
resina sintetica, strass Swarovski
Brooches,
page 119, S/S 2005
Bronze galvanized brass,
synthetic resin, Swarovski crystals
Collana,
pagina 121, P/E 2005
Corno, ottone galvanizzato oro lucido,
strass Swarovski
Necklace,
page 121, S/S 2005
Horn, polished gold galvanized brass,
Swarovski crystals

IL GIOIELLO, IL PREGIO DI LAVORAZIONI ACCURATE. JEWELS OR THE IMPORTANCE OF ACCURATE WORKMANSHIP.

IL GIOIELLO, RILETTURA CONTEMPORANEA DI CULTURE TRIBALI. JEWELS AS CONTEMPORARY REINTERPRETATION OF TRIBAL CULTURES.

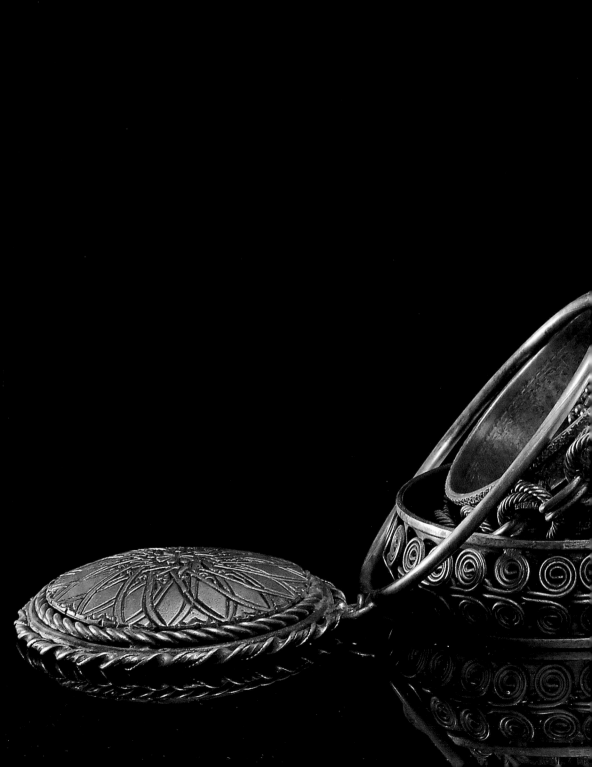

Pendenti,
pagina 123, P/E 2005
Ottone galvanizzato bronzo, cuoio,
perline, canottiglie, strass Swarovski
Pendants,
page 123, S/S 2005
Bronze galvanized brass, leather, beads,
French wire, Swarovski crystals

Collana,
pagina 125, P/E 1993
Wengé, ottone galvanizzato oro opaco,
camoscio, cuoio, corda cerata
Necklace,
page 125, S/S 1993
Wenge, opaque gold galvanized brass,
chamois, leather, waxed cord

Collana,
pagina 126, P/E 2001
Resina sintetica, legno,
ottone galvanizzato bronzo
Necklace,
page 126, S/S 2001
Synthetic resin, wood,
bronze galvanized brass

Bracciale,
pagina 128, P/E 1991
Ottone galvanizzato bronzo, pasta di vetro
Bracelet,
page 128, S/S 1991
Bronze galvanized brass, glass paste

Bracciali,
pagina 130, A/I 1995-1996
Ottone galvanizzato argento anticato
Bracelets,
page 130, F/W 1995-1996
Antiqued silver galvanized brass

Bracciali,
pagina 133, P/E 1986
Ottone galvanizzato oro lucido
e palladio, pelle
Bracelets,
page 133, S/S 1986
Polished gold and palladium
galvanized brass, leather

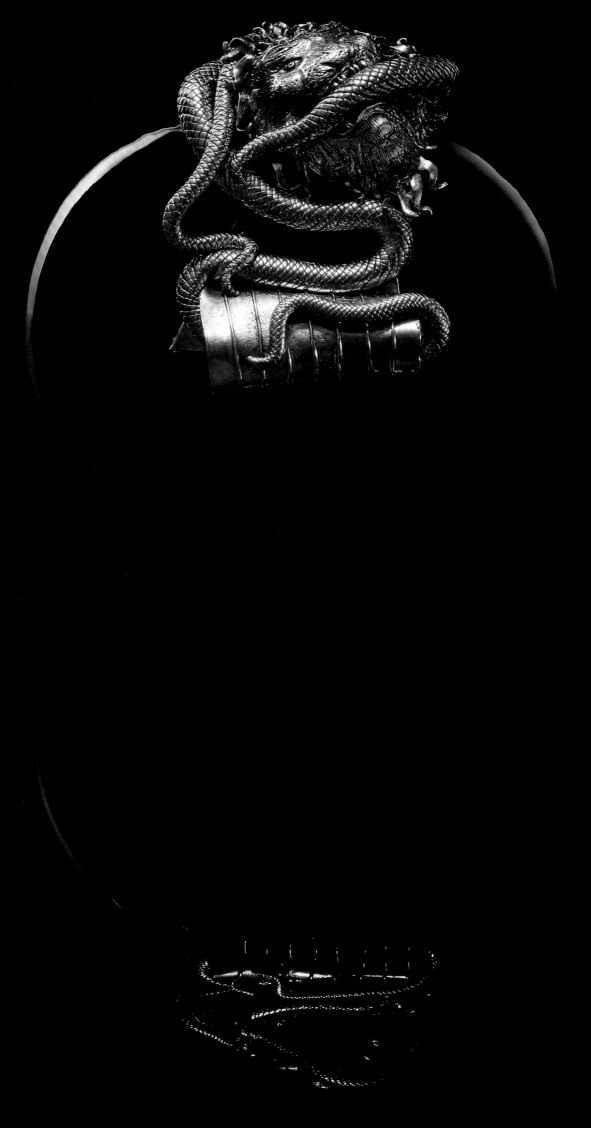

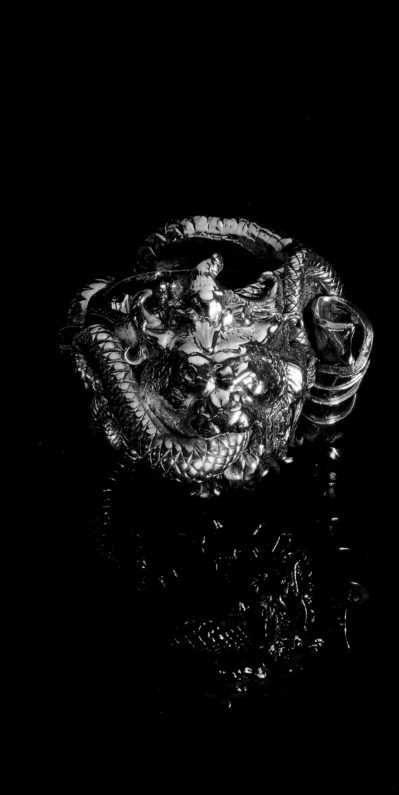

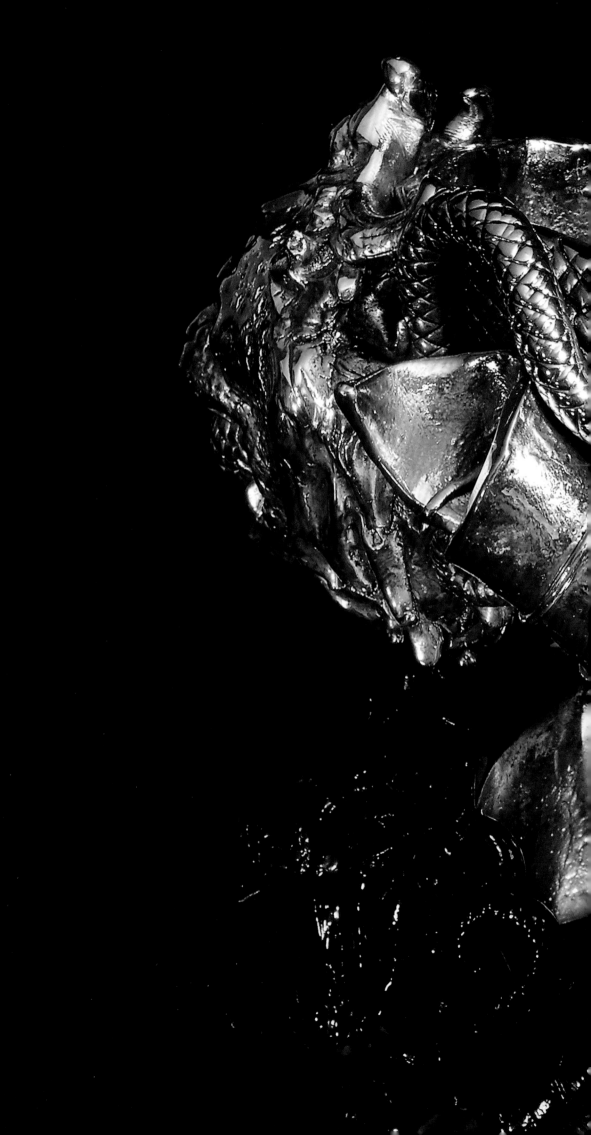

IL GIOIELLO,
INTESA TRA
METALLI, PIETRE
E CRISTALLI.
JEWELS
AS HARMONY
BETWEEN
CRYSTALS
AND STONES.

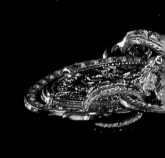

Spilloni,
pagina 148, P/E 1994
Ottone galvanizzato oro lucido,
resina sintetica, strass Swarovski
Pins,
page 148, S/S 1994
Polished gold galvanized brass,
synthetic resin, Swarovski crystals
Collane,
pagina 150, A/I 1991-1992
Ottone galvanizzato oro lucido,
strass Swarovski
Necklaces,
page 150, F/W 1991-1992
Polished gold galvanized brass,
Swarovski crystals
Bracciale,
pagina 152, P/E 1997
Ottone galvanizzato oro lucido
Bracelet,
page 152, S/S 1997
Polished gold galvanized brass
Bracciale,
pagina 154, P/E 1997
Ottone galvanizzato oro lucido,
cabochon di vetro
Bracelet,
page 154, S/S 1997
Polished gold galvanized brass,
glass cabochon
Bracciale,
pagina 157, A/I 1993-1994
Ottone galvanizzato oro lucido,
strass Swarovski, pasta di vetro, perla Kultra
Bracelet,
page 157, F/W 1993-1994
Polished gold galvanized brass,
Swarovski crystals, glass paste, Kultra pearl
Collana,
pagina 158, P/E 1997
Ottone galvanizzato oro lucido, pasta di vetro
Necklace,
page 158, S/S 1997
Polished gold galvanized brass, glass paste
Bracciale,
pagina 160, P/E 1992
Resina sintetica
Bracelet,
page 160, S/S 1992
Synthetic resin

IL GIOIELLO,
PREZIOSITÀ
E MAGIA,
RICORDI
DI ORIENTE.
JEWELS
AS PRECIOUS
AND MAGICAL
OBJECTS,
MEMORIES
OF THE EAST.

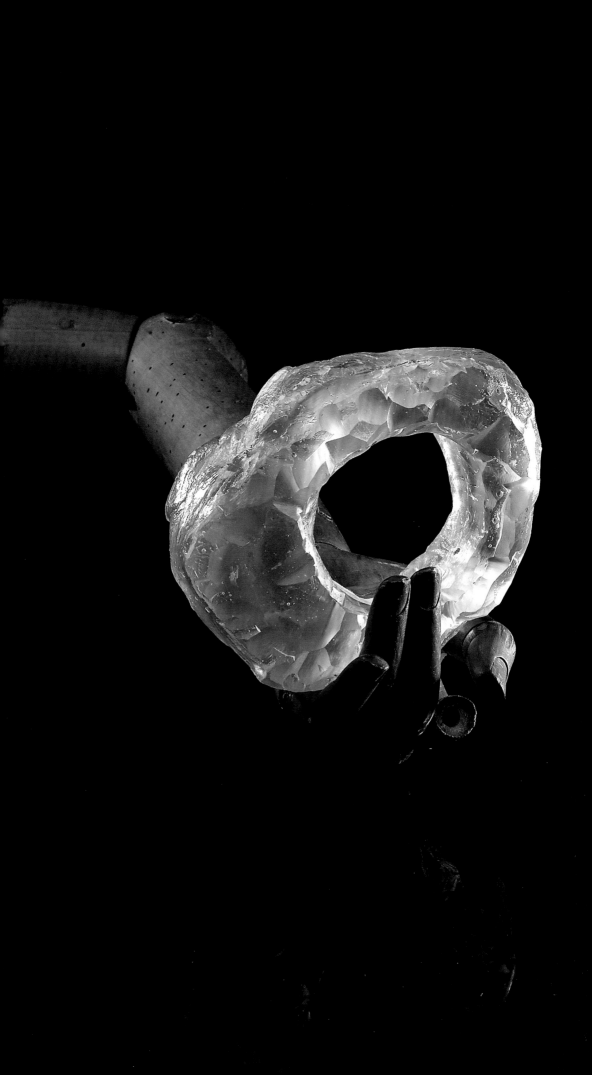

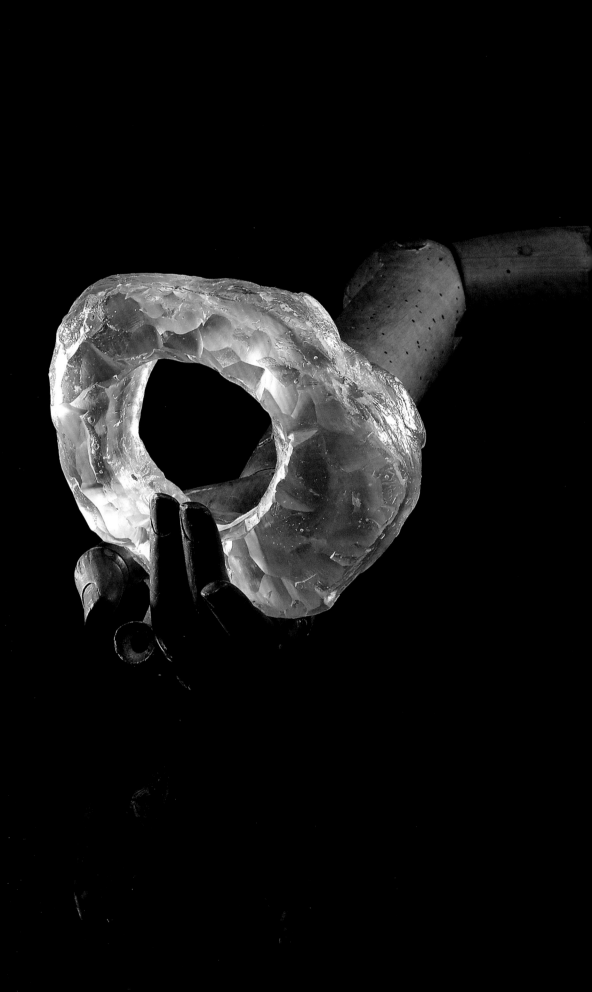

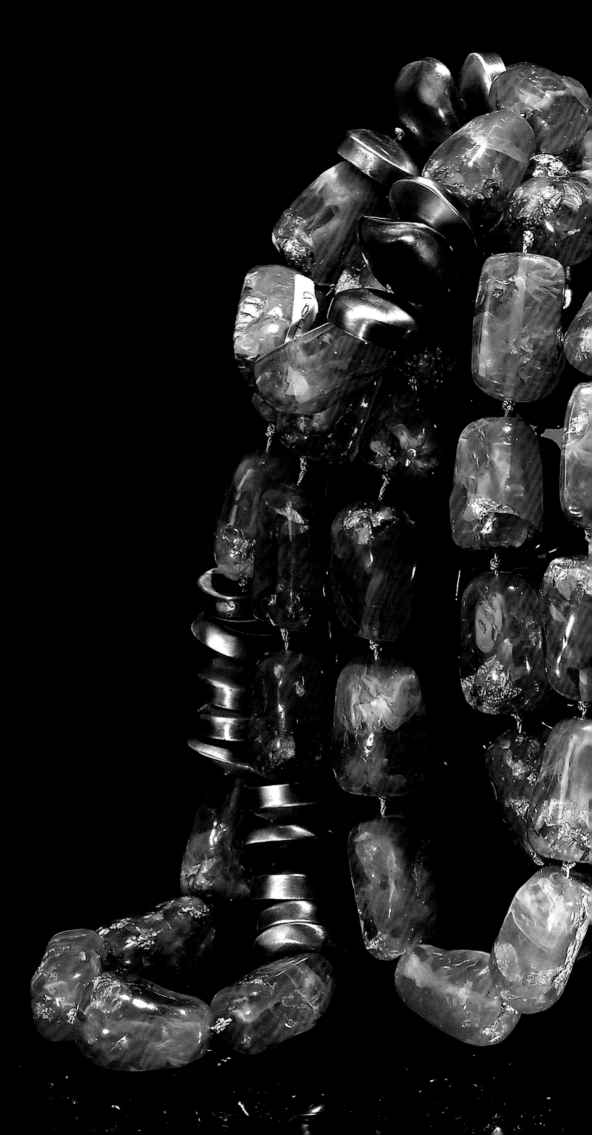

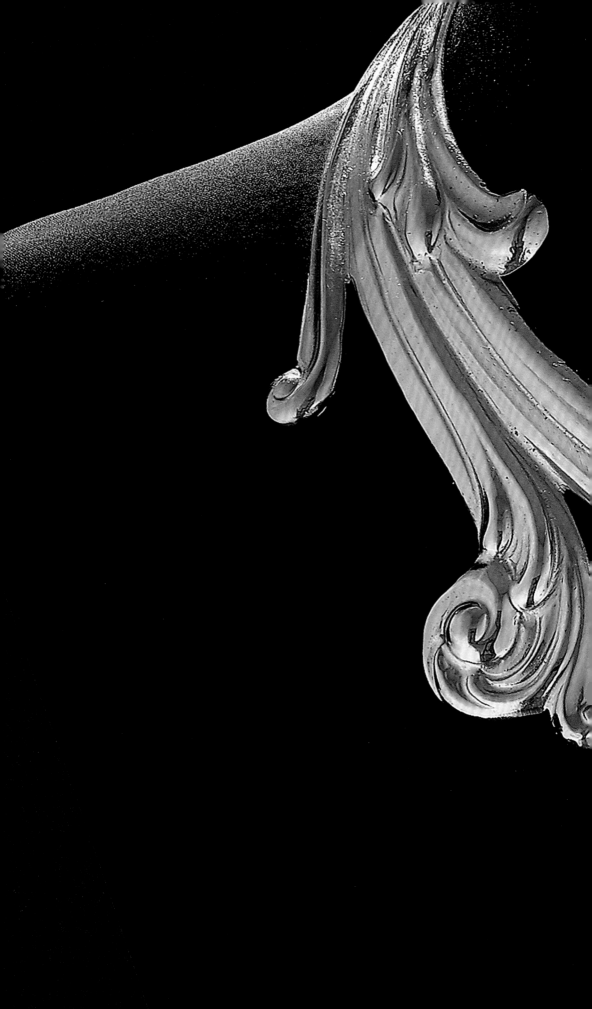

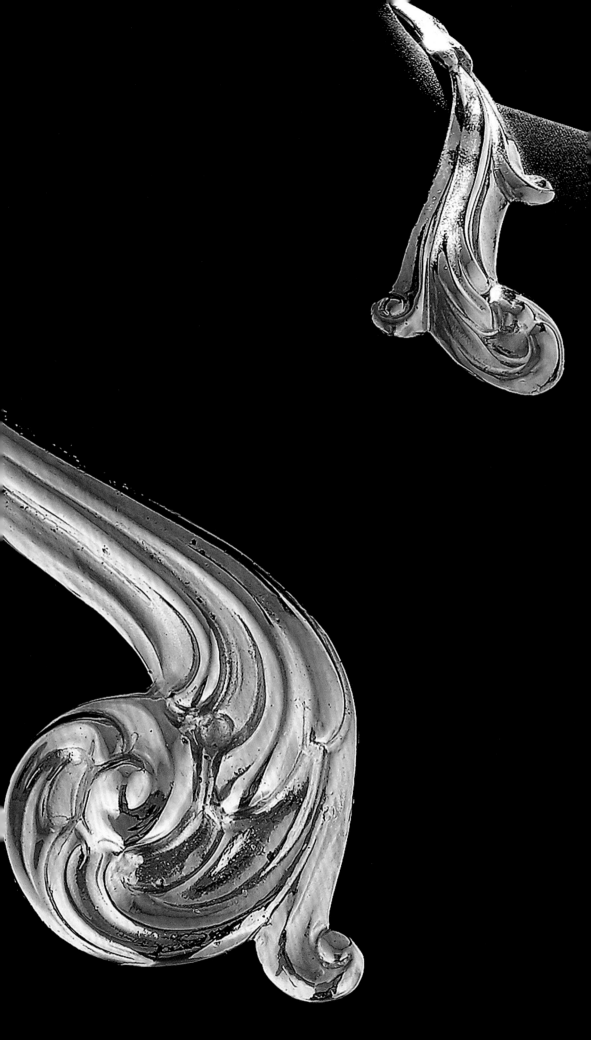

IL GIOIELLO,
MATERIA CHE
RACCOGLIE
LUCI E
VIBRAZIONI.
JEWELS
AS MATERIAL
GATHERING
LIGHT AND
VIBRATIONS.

Collane,
pagina 162, A/I 1992-1993
Ottone galvanizzato bronzo,
resina sintetica con foglia d'oro inglobata
Necklaces,
page 162, F/W 1992-1993
Bronze galvanized brass, synthetic resin
with incorporated gold leaf

Collana,
pagina 164, A/I 1985-1986
Ottone galvanizzato oro lucido
Necklace,
page 164, F/W 1985-1986
Polished gold galvanized brass

Bracciali,
pagina 166, P/E 1991
Resina sintetica con foglia d'oro inglobata,
ottone galvanizzato oro opaco
Bracelets,
page 166, S/S 1991
Synthetic resin with incorporated gold leaf,
opaque gold galvanized brass

Spilloni,
pagina 169, P/E 2001
Legno di balsa, foglia d'oro,
ottone galvanizzato oro opaco
Pins,
page 169, S/S 2001
Balsa wood, gold leaf,
opaque gold galvanized brass

Collana,
pagina 170, P/E 1993
Madreperla, osso, strass Swarovski,
ottone galvanizzato oro opaco
Necklace,
page 170, S/S 1993
Mother-of-pearl, bone, Swarovski crystals,
opaque gold galvanized brass

Bracciale,
pagina 173, A/I 1989-1990
Ottone galvanizzato palladio
Bracelet,
page 173, F/W 1989-1990
Palladium galvanized brass

Collane,
pagina 174, P/E 2001
Resina sintetica, filo metallico
Necklaces,
page 174, S/S 2001
Synthetic resin, metal wire

IL GIOIELLO, FIGLIO DELLA CULTURA INDUSTRIALE.
JEWELS AS HERITAGE OF THE INDUSTRIAL CULTURE.

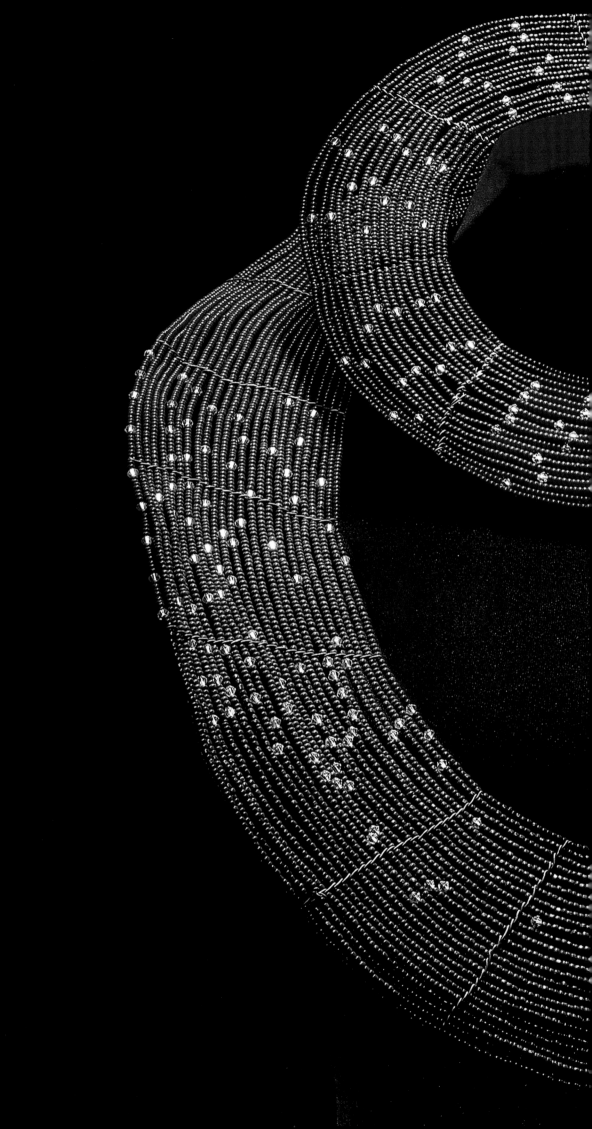

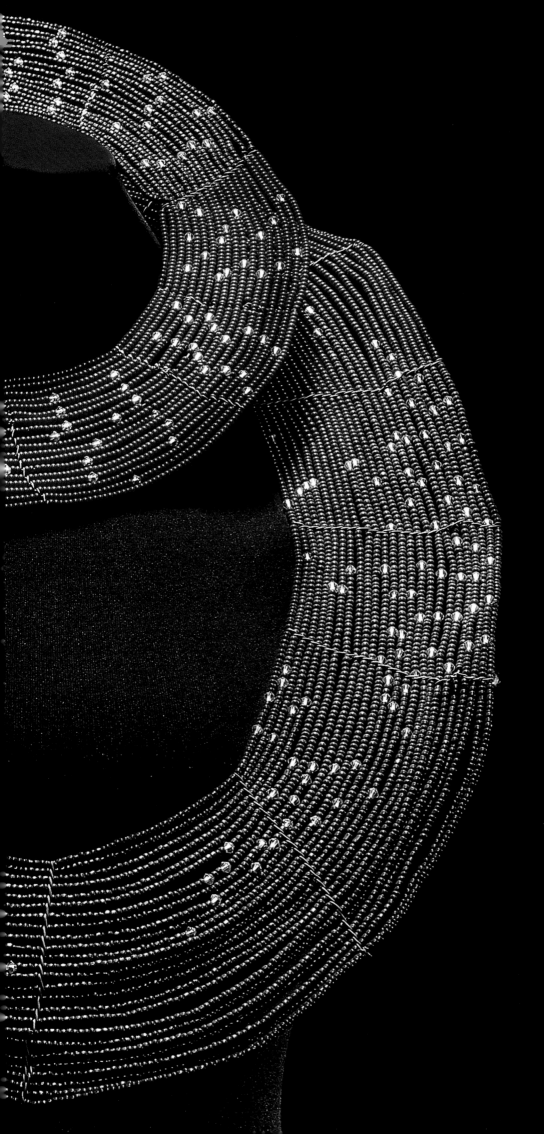

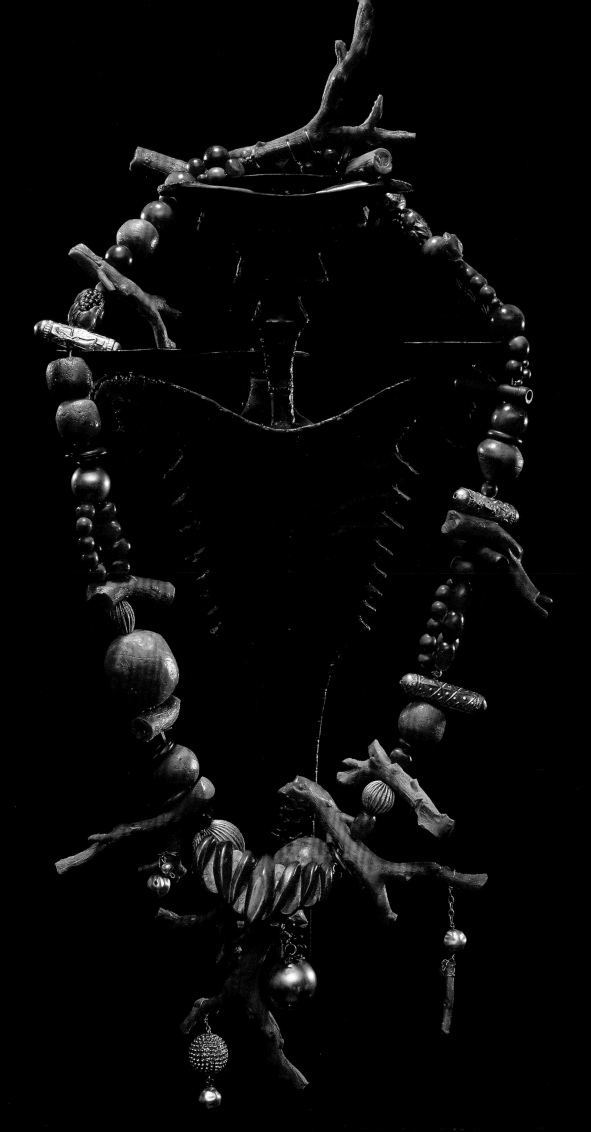

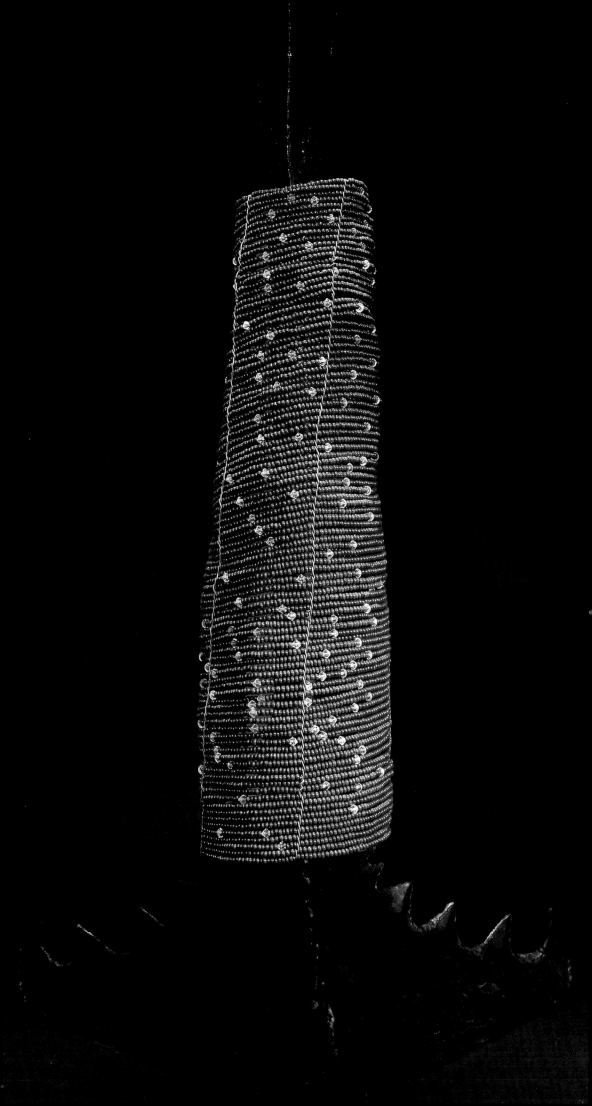

IL GIOIELLO. FORMA E
LAVORAZIONE ANCESTRALI.
LUSSO CONTEMPORANEO.
JEWELS AS ANCESTRAL FORM
AND WORK PROCESS,
CONTEMPORARY LUXURY.

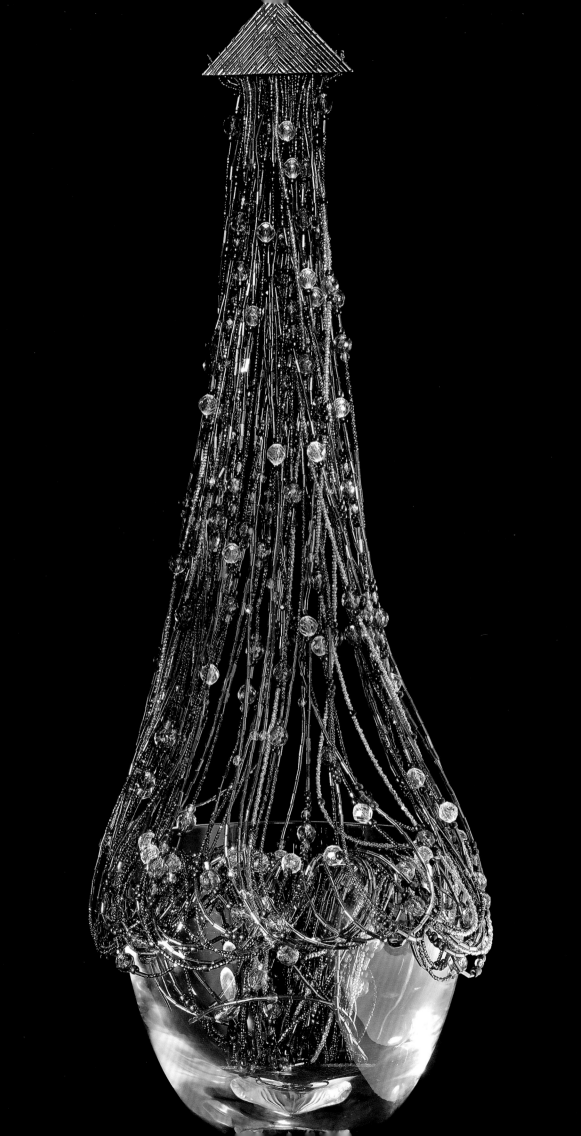

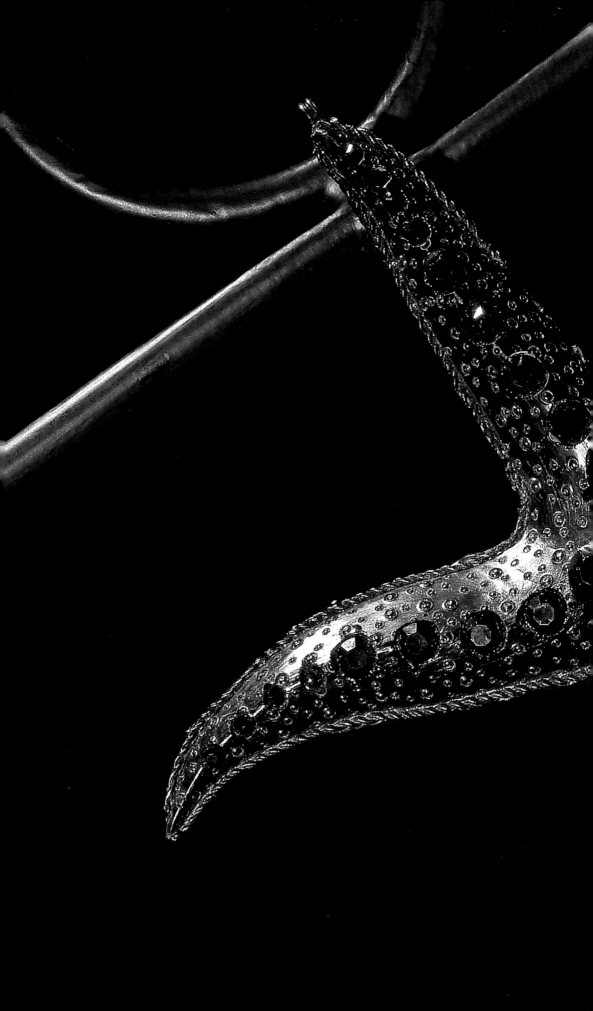

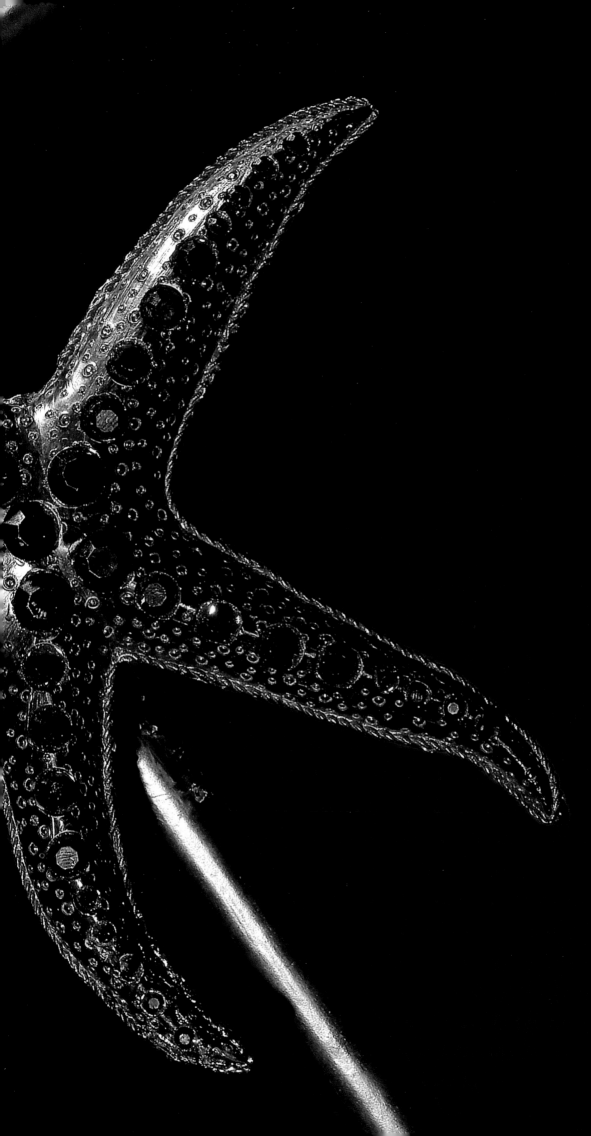

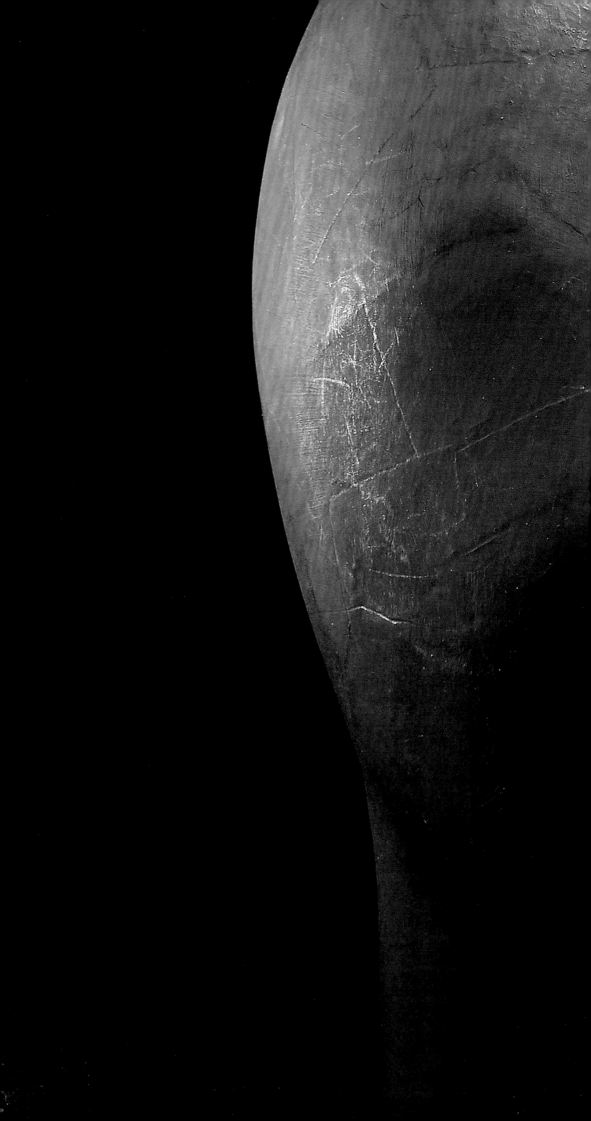

IL GIOIELLO,
IL VALORE
SIMBOLICO
DI UN MONILE.
JEWELS
OR THE SYMBOLIC
VALUE OF
AN ORNAMENT.

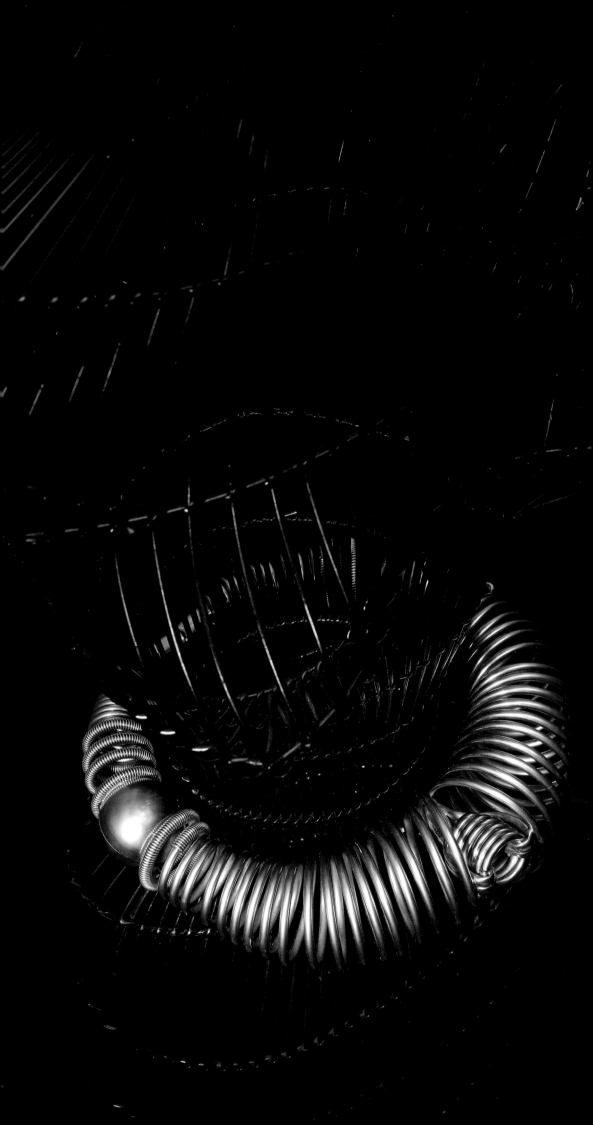

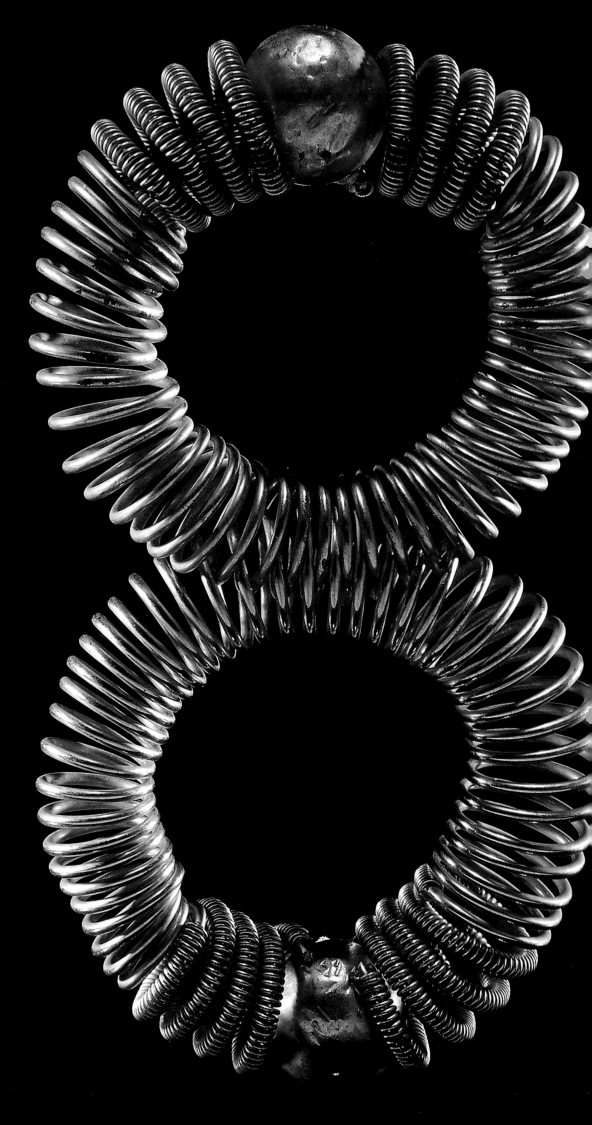

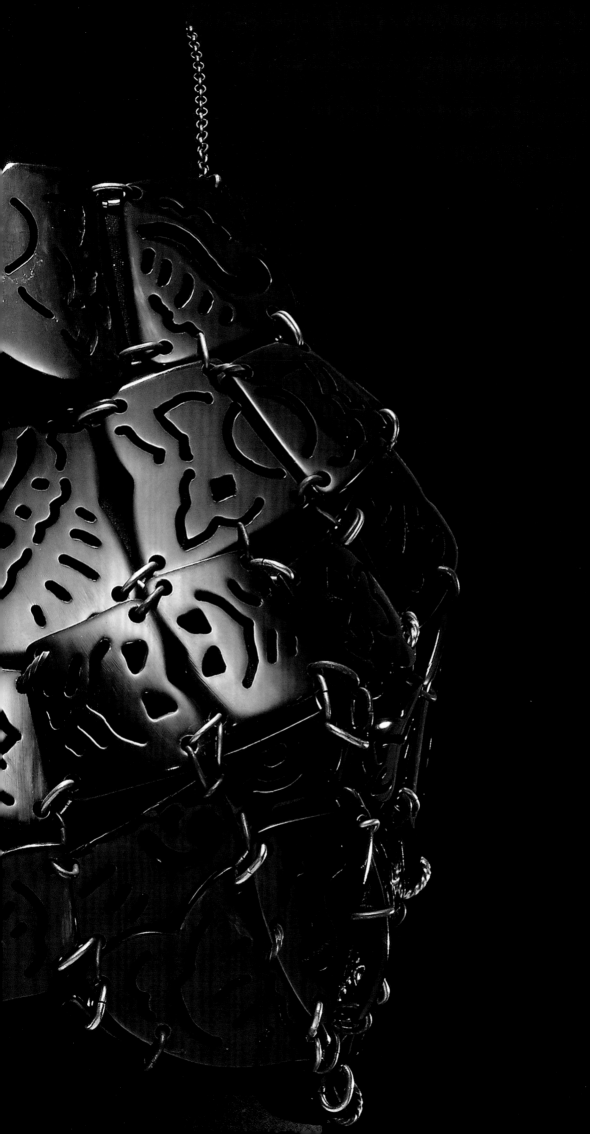

Cintura,
pagina 202, P/E 1997
Osso, pelle stampa coccodrillo,
ottone galvanizzato oro lucido
Belt,
page 202, S/S 1997
Bone, crocodile printed leather,
polished gold galvanized brass

Collana,
pagina 204, P/E 1997
Ottone galvanizzato oro lucido
Necklace,
page 204, S/S 1997
Polished gold galvanized brass

Bracciali,
pagina 206, P/E 1997
Ottone galvanizzato oro lucido
Bracelets,
page 206, S/S 1997
Polished gold galvanized brass

Top,
pagina 208, P/E 1996
Corno tinto, ottone galvanizzato oro lucido
Top,
page 208, S/S 1996
Dyed horn, polished gold galvanized brass

Collana,
pagina 211, P/E 2001
Corno, ottone galvanizzato palladio
Necklace,
page 211, S/S 2001
Horn, palladium galvanized brass

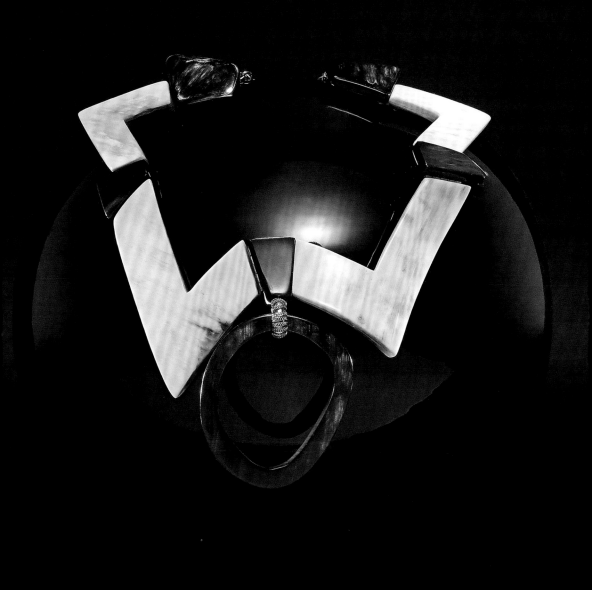

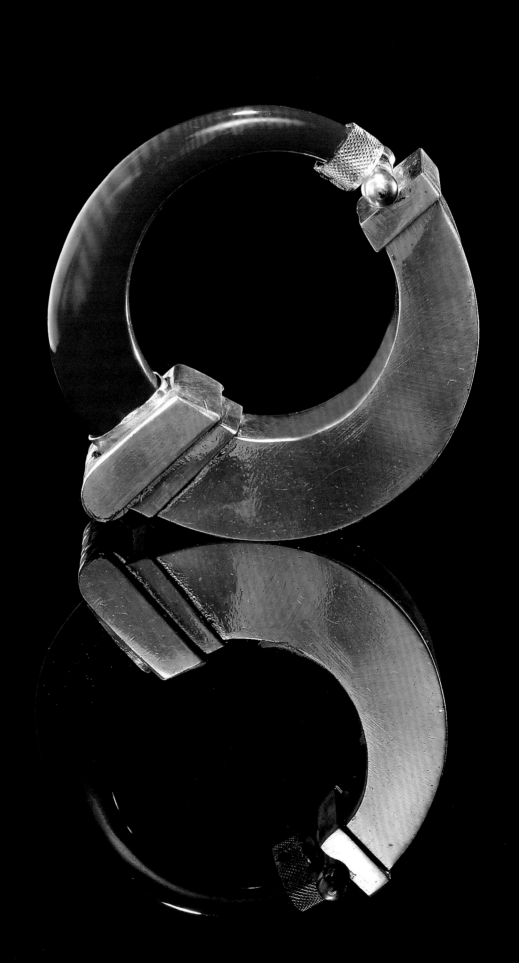

IL GIOIELLO, REINTERPRETAZIONE DI FORMA E MATERIA. JEWELS AS REVISITATION OF SHAPE AND MATERIAL.

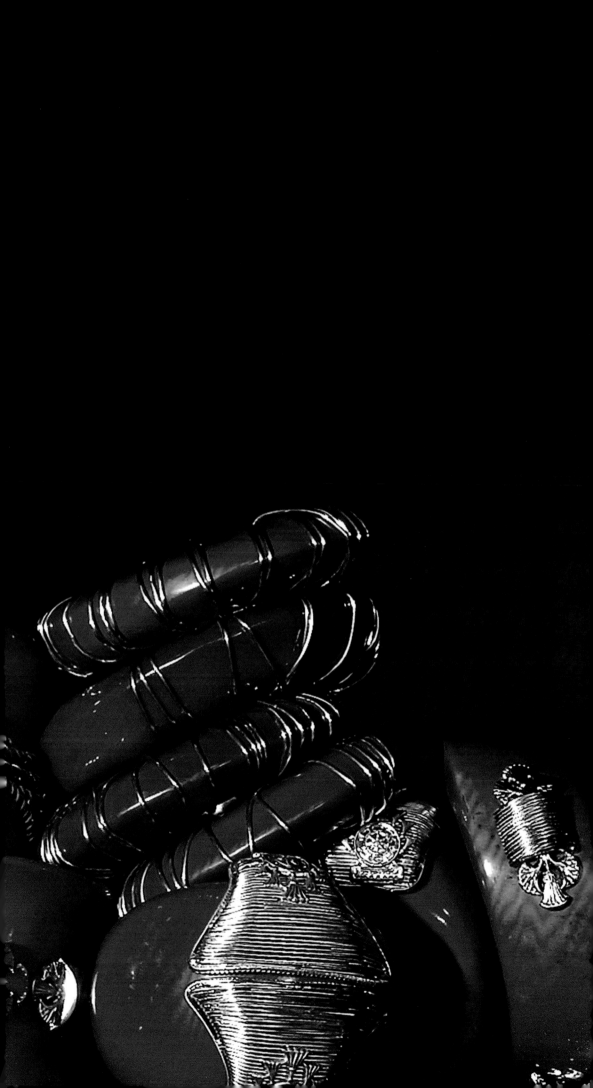

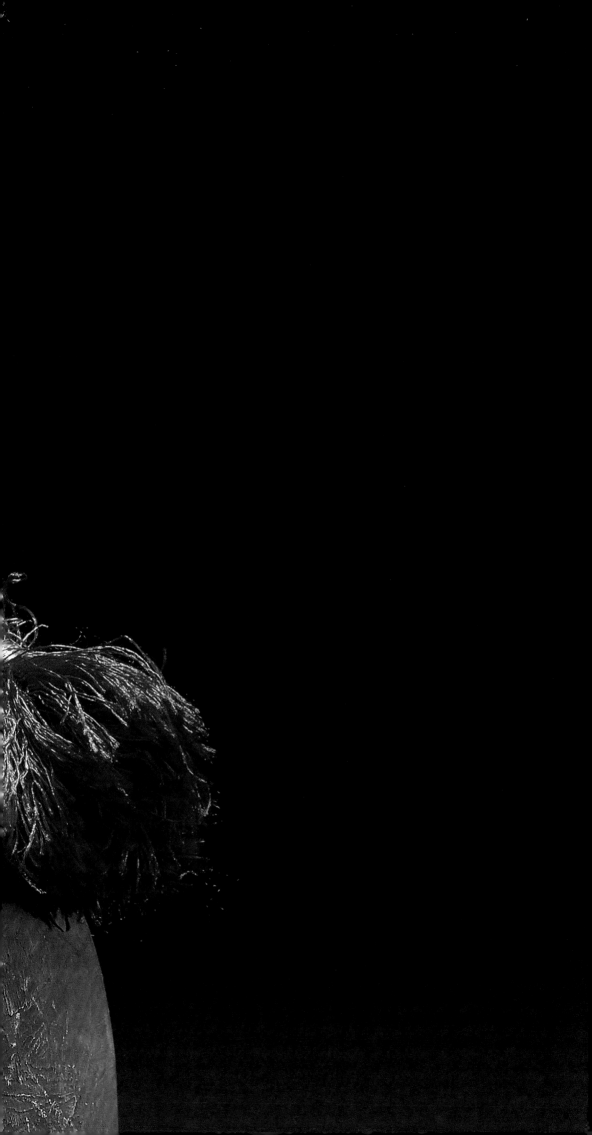

IL GIOIELLO,
RICERCA
DI MATERIALI
INCONSUETI
PER NOBILITARLI.
JEWELS
AS PURSUIT
OF UNUSUAL
MATERIALS,
TO ENNOBLE
THEM.

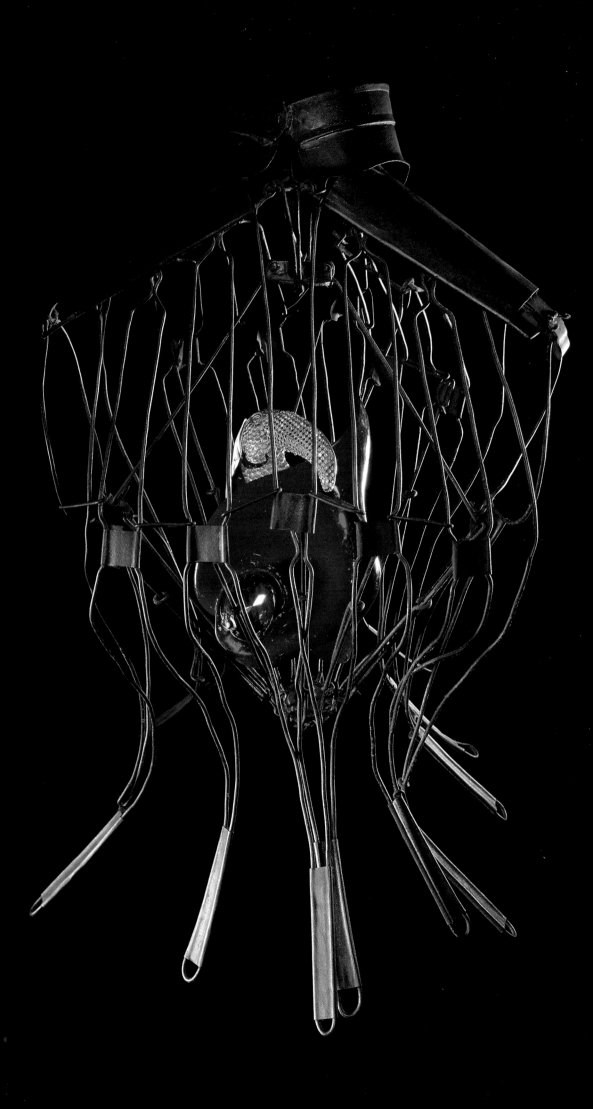

Bracciali,
pagina 222, P/E 1993
Legno di balsa laccato, ottone galvanizzato
oro opaco, smalto, pasta di vetro, strass
Swarovski
Bracelets,
page 222, S/S 1993
Lacquered balsa wood, opaque gold galvanized
brass, enamel, glass paste, Swarovski crystals
Bracciale,
pagina 224, P/E 1993
Legno di balsa laccato, ottone galvanizzato
oro opaco, pasta di vetro, strass Swarovski
Bracelet,
page 224, S/S 1993
Lacquered balsa wood, opaque gold galvanized
brass, glass paste, Swarovski crystals
Bracciale,
pagina 226, P/E 1993
Legno di balsa laccato, ottone galvanizzato
oro opaco, pasta di vetro, strass Swarovski
Bracelet,
page 226, S/S 1993
Lacquered balsa wood, opaque gold galvanized
brass, glass paste, Swarovski crystals
Collana,
pagina 228, P/E 1993
Resina sintetica, ottone galvanizzato bronzo
Necklace,
page 228, S/S 1993
Synthetic resin, bronze galvanized brass

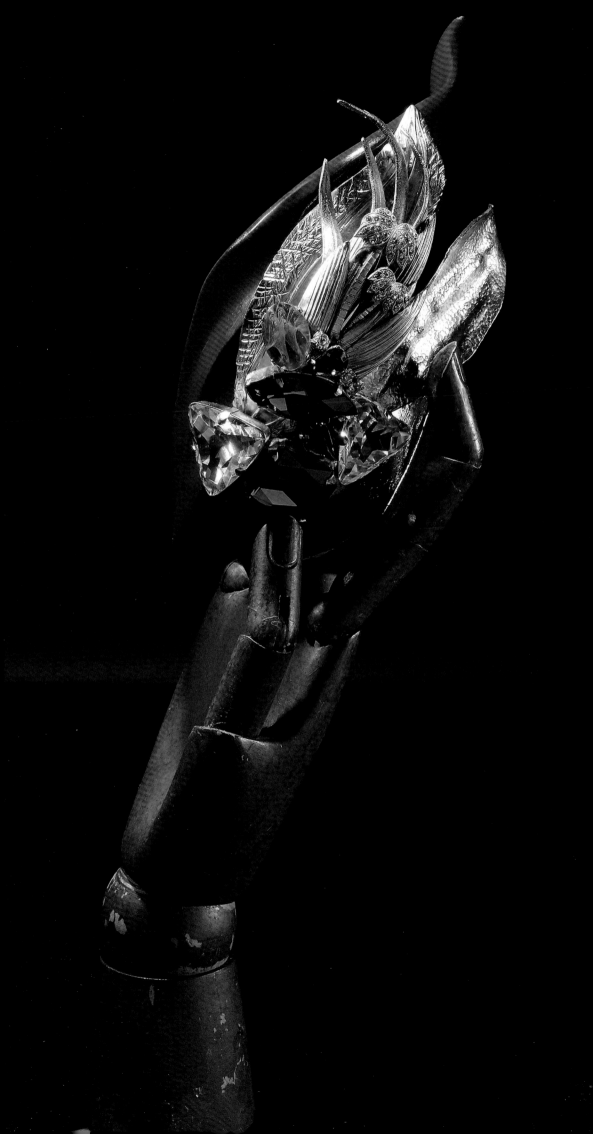

Biography

Gianfranco Ferré was born in Legnano on August 15, 1944.

After earning a high school diploma specializing in sciences, he enrolls in the Faculty of Architecture at the Milan Polytechnic Institute, graduating in 1969.

His very first entry into the world of fashion takes place in the same years. Ferré designs jewelry and accessories that he gives to friends and classmates: noticed by several fashion journalists, they are photographed by some specialty magazines.

In 1973 Gianfranco Ferré makes the first of his many trips to India for an Italian clothing company. There he creates and follows the production of the "Ketch" fashion collection. It is a fundamental and unforgettable experience in the evolution of his style. At the same time, during his stays in Italy, he does free-lance work designing knitwear and beachwear lines for other companies.

In 1974 come his first collections and fashion shows: "Courlande" and "Baila".

In May of 1978 the Gianfranco Ferré company is set up. In October of the same year Ferré presents his women's ready-to-wear debut signature.

Alongside the launch of the men's clothing line in 1982 and the introduction of a wide range of accessories and other products on license, Ferré adds in 1986 his own Alta Moda collections with fashion shows in Rome for six seasons.

In 1983 Ferré is involved in the foundation of Domus Academy, the Design, Design Management and Fashion Design Post-graduate School where he leads the course of Clothing Design until 1989.

In May of 1989 for Gianfranco Ferré begins his extraordinary experience in the most prestigious and history-laden French Maison de Couture: he is appointed Artistic Director of Christian Dior for the Women's Haute Couture, Prêt-à-Porter and Fourrure lines. The mandate at Dior lasts until 1996.

In March of 2007 Ferré is appointed President of the Brera Fine Arts Academy.

Gianfranco Ferré dies on June 17 of the same year.

Biografia

Gianfranco Ferré nasce a Legnano il 15 agosto 1944.

Dopo la maturità scientifica si iscrive alla Facoltà di Architettura al Politecnico di Milano, dove si laurea nel 1969.

Il debutto nel mondo della moda avviene in questo periodo: Ferré disegna bijoux e accessori che regala ad amiche e compagne di università e che, notati quasi per caso da alcune redattrici di moda, sono fotografati dalle riviste di settore.

Nel 1973 Gianfranco Ferré intraprende il primo dei suoi numerosi viaggi in India, dove, per conto di una società italiana, disegna e fa produrre in loco una linea di abbigliamento, la collezione "Ketch". Si tratta di un'esperienza fondamentale e indelebile per il divenire del suo stile. Contemporaneamente avvia una serie di consulenze stilistiche con diverse aziende per linee di maglieria e costumi da bagno.

Datano 1974 le prime collezioni di Prêt à Porter disegnate da Ferré, con le prime sfilate: "Courlande" e "Baila".

Al maggio del 1978 risale la fondazione della società "Gianfranco Ferré" e, nell'ottobre dello stesso anno, la prima sfilata di Prêt-à-Porter femminile.

Al lancio dell'abbigliamento maschile, nel 1982, e alla creazione di accessori e di prodotti realizzati su licenza si aggiunge poi, nel 1986, l'esperienza dell'Alta Moda, con sfilate a Roma per sei stagioni.

Nel 1983 Ferré partecipa alla nascita della Domus Academy, scuola post-universitaria di Design, Design Management e Fashion Design dove, fino al 1989, dirige il corso di Design dell'abito.

Nel maggio del 1989 inizia la straordinaria esperienza presso Christian Dior: Gianfranco Ferré è nominato Direttore Artistico della Maison più prestigiosa e carica di storia della couture francese per le linee femminili di Haute Couture, Prêt-à-Porter e Fourrure, incarico che si protrarrà sino al 1996.

Nel marzo 2007 Ferré viene nominato Presidente dell'Accademia di Belle Arti di Brera.

Gianfranco Ferré scompare il 17 giugno dello stesso anno.

Bibliography / Bibliografia

Ferré Gianfranco, *Città flash/MILANO*, in "Archi e colonne", anno I, maggio-agosto 1985, nn. 3-4, pp. 84-85

Ferré Gianfranco, Tadini Emilio, *L'abito e il corpo. Il corpo e la figura*, in Buttazzi Grazietta, Mottola Molfino Alessandra (a cura di), *La moda italiana. Dall'antimoda allo stilismo*, Electa, Milano 1987, pp. 288-295

Ferré Gianfranco, *Il senso dello stile*, Milano-Firenze 1993

Ferré Gianfranco, *Lettres à un jeune couturier*, Éditions Ballard, Paris 1995

Ferré Gianfranco, *A un giovane stilista*, Pratiche Editrice, Milano 1996

A.A.V.V., *Ferré*, Edizioni Condé Nast, Milano 1993

A.A.V.V., *Biennale di Firenze. Il tempo e la moda*, Skira, Milano 1996, pp. 394-399

A.A.V.V., *Japonism in fashion*, Tokyo 1996, pp. 168, 190

A.A.V.V., *Gianfranco Ferré. I quaderni di Pitti.01*, Giunti, Firenze 2000

A.A.V.V., *Fashion Intelligence*, Edizioni del Sud, Bari 2016, pp. 7-9 (contributo di Rita Airaghi) e pp. 119-133

Airaghi Rita (a cura di), *Gianfranco Ferré Disegni*, Skira, Milano 2010

Airaghi Rita (a cura di), *La camicia bianca secondo me. Gianfranco Ferré*, Skira, Milano 2014

Alfonsi Maria Vittoria, *Questo è il made in Italy ovvero la moda dietro la vetrina*, GEI, Milano 1986, pp. 360-364

Alfonsi Maria Vittoria, *Gianfranco Ferré. L'architetto stilista*, Baldini Castoldi Dalai Editore, Milano 2008

Altman Robert, Shulgasser Barbara, Leitch Brian D., *Prêt-à-porter*, Bompiani, Milano 1995

Baudot Francois, *A century of fashion*, Thames & Hudson, London 1999, pp. 251, 254, 354, 355

Belfanti Carlo Marco, *Civiltà della moda*, Il Mulino, Bologna 2008, p. 250

Bianchino Gloria, Quintavalle Arturo Carlo, *Moda. Dalla fiaba al design. Italia 1951-1989*, De Agostini, Novara 1989, pp. 137, 140, 153, 156, 170, 226-239

Bianchino Gloria, Nodolini Alberto (a cura di), *Gianfranco Ferré e Maria Luigia: inattese assonanze*, Skira, Milano 2016

Bingham Neil, *Le nuove boutiques: moda e design*, Idea Books, Milano 2005

Black J. Anderson, Garland Madge, *Dal 1970 agli anni Novanta*, in Mila Contini (a cura di), *Storia della moda*, De Agostini, Novara 2001 (III ed.), pp. 388, 392, 395, 397, 398, 401, 402

Blignaut K. Hélène, *Anatomia della moda. Il corpo, i luoghi, l'arte, il cinema*, Franco Angeli, Milano 2005, p. 106

Bobbioni Maria Pia, *Gianfranco Ferré*, in A.A.V.V., *Conseguenze impreviste. Moda*, Electa, Firenze 1982, pp. 35-40

Bocca Nicoletta, Cataldi Gallo Marzia, *Gianfranco Ferré*, in Buttazzi Grazietta, Mottola Molfino Alessandra (a cura di), *La moda italiana. Dall'antimoda allo stilismo*, Electa, Milano 1987, pp. 134-142

Buttazzi Grazietta, Mottola Molfino Alessandra (a cura di), *La moda italiana. Dall'antimoda allo stilismo*, Electa, Milano 1987, pp. 22-23, 31, 177, 187

Buxbaum Gerda, *Fashion does not reflect a nostalgia for the past but an eternal present that lies beyond the past*, in A.A.V.V., *Icons of fashion. The 20th century*, Prestel, Munich 1999, p. 166

Buxbaum Gerda, *Pouf, bustle, tutu, and crinoline*, in A.A.V.V., *Icons of fashion. The 20th century*, Prestel, Munich 1999, p. 131

Carloni Maria Vittoria, *Milano, laboratorio dell'"Italian Style"*, in A.A.V.V., *1951-2001. Made in Italy?*, Skira, Milano 2001, pp. 145-147

Chenoune Farid, *Dior*, Éditions Assouline, Paris 2007

Chiarelli Caterina (a cura di), *Moda fra analogie e dissonanze*, Sillabe, Livorno 2010 (edizioni in italiano e in inglese), pp. 15, 21, 23, 25, 27, 33, 73, 88.

Codeluppi Vanni, *Che cos'è la moda*, Carocci, Roma 2003 (II ed., I ed. 2002), p. 47

Colaiacomo Paola, Frisa Maria Luisa, *Alcune note in ordine sparso sulla moda italiana. La moda della postmodernità*, in Durland Spilker Kaye, Sadako Takeda Sharon, *Contro moda. La moda contemporanea della collezione permanente del Los Angeles County Museum of Art*, Skira, Milano 2007, pp. 28-29

Cole Daniel James, Nancy Deihl, *The history of modern fashion*, Laurence King Publishing Ltd., London 2015, p. 366

Conti Quirino, *Mai il mondo saprà*, Feltrinelli, Milano 2005, p. 64

Crespi Giovanna (a cura di), *Made in Polimi 1863-2013*, Electa, Milano 2013, pp. 84-85

Dominella Stefano, Giordani Aragno Bonizza (a cura di), *L'eleganza del cibo. Tales about food & fashion*, Gangemi Editore, Roma 2015, pp. 46, 72, 121, 155

Dorfles Gillo, *La moda della moda*, Costa & Nolan, Milano 1999 (III ed., I ed. 1984), p. 28

Dorfles Gillo, *Mode & Modi*, Mazzotta, Milano 2010 (III ed., I ed. 1979), p. 4

Durland Spilker Kaye, **Sadako Takeda Sharon**, *Contro moda. La moda contemporanea della collezione permanente del Los Angeles County Museum of Art*, Skira, Milano 2007, pp. 152-153

Farneti Cera Deanna, *Fashion Jewelry. Made in Italy*, Antique Collectors' Club Ltd., Woodbridge 2013, pp. 159, 163, 166, 191, 219, 251, 255, 268, 271, 274

Ferré Giusi (a cura di), *Gianfranco Ferré. Itinerario*, Leonardo Arte, Milano 1999

Ferré Giusi, **Mazza Samuele**, *Gianfranco Ferré*, Leonardo Arte, Milano 1998

Ferri Edgarda, *Ferré*, Longanesi & C., Milano 1995

Frisa Maria Luisa (a cura di), *Gianfranco Ferré. Lezioni di Moda*, Marsilio, Venezia 2009

Giacomoni Silvia, *L'Italia della moda*, Mazzotta, Milano 1984, pp. 106-109

Giannelli Buss Chiara, *Gianfranco Ferré*, in Buttazzi Grazietta, Mottola Molfino Alessandra (a cura di), *La moda italiana. Dall'antimoda allo stilismo*, Electa, Milano 1987, pp. 251-255

Giannelli Buss Chiara, *Lo stilismo nella moda maschile*, in Buttazzi Grazietta, Mottola Molfino Alessandra (a cura di), *La moda italiana. Dall'antimoda allo stilismo*, Electa, Milano 1987, pp. 237-240, 244

Giordani Aragno Bonizza, *Lo specchio dell'atelier*, in Bianchino Gloria, Buttazzi Grazietta, Mottola Molfino Alessandra, Quintavalle Arturo Carlo (a cura di), *La moda italiana. Le origini dell'alta moda e la maglieria*, Electa, Milano 1987, p. 104

Giordani Aragno Bonizza (a cura di), *Moda Italia*, Editoriale Domus, Milano 1988, pp. 96-101

Giordani Aragno Bonizza, *La moda italiana*, in Seeling Charlotte, *Moda. Il secolo degli stilisti. 1900-1999*, Konemann, Köln 1999, p. 529

Gnoli Sofia, *Un secolo di moda italiana. 1900-2000*, Meltemi Editore, Roma 2005, pp. 102, 197-198, 202-203, 214-218, 234, 241

Gnoli Sofia, *Gianfranco Ferré: l'architetto delle forme*, in Gnoli Sofia, *Moda. Dalla nascita della haute couture a oggi*, Carocci Editore, Roma 2012, pp. 258-266

Harvey Anna, *Moda. La parola ai grandi stilisti*, Crealibri, Milano 1998

Lea Robyn, *Milan. Discovering Food, Fashion and Family in a Private City*, LCC and ERD Pty Ltd., Carlton Victoria / Melbourne 2013, copertina, pp. 2, 121, 258

Maddaluno Paola, *Gianfranco Ferré. Progettazione continua*, ALINEA Editrice, Firenze 2014

Mc Dowell Colin, *Fashion today*, Phaidon Press Limited, London 2000, pp. 100-101, 165-166

Maltese Paolo, *Il libro dei profumi*, Giorgio Mondadori, Milano 1990

Martin Richard, **Koda Harold**, *Haute couture*, Metropolitan Museum, New York 1995, p. 114

Massai Elisa, **Lombardi P.**, *L'industria della maglieria nell'alta moda e nella moda pronta dal 1950 al 1980*, in Bianchino Gloria, Buttazzi Grazietta, Mottola Molfino Alessandra, Quintavalle Arturo Carlo (a cura di), *La moda italiana. Le origini dell'alta moda e la maglieria*, Electa, Milano 1987, pp. 264, 271

Messina Rietta, *L'abbigliamento femminile italiano: un prodotto industriale di successo*, in Buttazzi Grazietta, Mottola Molfino Alessandra (a cura di), *La moda italiana. Le origini dell'alta moda e la maglieria*, Electa, Milano 1987, p. 31

Molho Renata, *Gianfranco Ferré*, in Antonio Guccione, *Dressing Up Milano*, Skira, Milano 2008, pp. 76-79

Morini Enrica, **Bocca Nicoletta**, *Lo stilismo nella moda femminile*, in Buttazzi Grazietta, Mottola Molfino Alessandra (a cura di), *La moda italiana. Dall'antimoda allo stilismo*, Electa, Milano 1987, pp. 90, 93

Morini Enrica, *Storia della Moda XVIII-XX secolo*, Skira, Milano 2000

Morris J., *Le vetrine della moda*, in Belfanti Carlo Marco, Giusberti Fabio (a cura di), *La Moda*, in "Storia d'Italia", Annali 19, Giulio Einaudi Editore, Torino 2003, pp. 862-863

Mulassano Adriana, *I Mass Moda. Fatti e personaggi dell'Italian look*, G. Spinelli & C., Milano 1979, pp. 188-195

Pochna Marie-France, *Dior*, Éditions Assouline, Paris 1996

Pochna Marie-France, *Dior*, Octavo Franco Cantini, Firenze 1997

Puglisi Gianni, *I modi della moda*, Sellerio Editore, Palermo 2001, p. 62

Puppa Daniela, *Mutazioni stagionali 1*, in "Domus Moda", maggio 1981, pp. 44-49

Reamury Bruno, **Kamitsis Lydia** (a cura di), *Dictionnaire international de la mode*, Éditions du Regard, Paris 1994-2004, pp. 237-238

Reinhold Elke, *Dal disegno all'abito finito*, in Seeling Charlotte, *Moda. Il secolo degli stilisti. 1900-1999*, Konemann, Köln 1999, p. 301

Rocca Federico, *Embroidery italian fashion: Il ricamo nella moda italiana*, Damiani, Bologna s.d. (2006), pp. 174-177, 255-257

Rosina Margherina, **Chiara Francina** (a cura di), *Cachemire. Il segno in movimento*, NovoLibri, Como 2016, pp. 148-155

Segre Reinach Simona, *La moda. Un'introduzione*, Laterza, Roma-Bari 2005, pp. 100, 105

Soli Pia, *Il genio antipatico. Creatività e tecnologia della moda italiana 1951/1983*, Mondadori, Milano 1984

Soli Pia, **Salaroli Sergio**, *Moda. L'immagine coordinata/Corporate identity*, Zanichelli, Bologna 1990, pp. 110-137

Sollazzo Lucia, *Tutti in vetrina. Il romanzo della moda italiana*, Longanesi & C., Milano 1996, pp. 103-116

Tagariello Maria Luisa, *Master of Fashion. I protagonisti del sogno*, Edizioni White Star, Novara 2014, pp. 176-185

Vergani Guido (a cura di), *Dizionario della Moda*, Baldini Castoldi Dalai Editore, Milano 2000